Los Baker van a Perú

**A Novel for Novice-high/Intermediate-low
Spanish Students**

Escrito por:

Melissa Blasco

Jacob Brown

Gaetano Celentano

Phillip Cerullo

Michele Chadwick

Brittany Clemente

Jacob DeVries

Paul Guiglianatti

Kristen Kelder

Nathaniel Kirby

Lauren Runza

Michael Waverka

Amanda Wegman

Courtney Wenstrom

Amanda White

Kristina Witbeck

**Editado por
Carol Gaab y Kristy Placido**

Este proyecto fue realizado por un grupo de estudiantes en el noveno grado de Pinelands Regional Jr. High School. Los estudiantes escribieron el libro en la clase de español 3 bajo la dirección del Sr. Nathaniel Kirby. Con mucha cooperación lograron escribir esta breve novela completamente en español.

¡FELICITACIONES A LOS ESTUDIANTES QUE TRABAJARON TAN DURO PARA CREAR ESTA NOVELA!

P.O. Box 11624, Chandler, AZ 85248

800-TPR IS FUN

(800-877-4738)

Info@tprstorytelling.com

www.tprstorytelling.com

Past Tense Version

To read this story in present tense, please turn the book over and read from the back cover.

Índice

Capítulo 1:
La familia Baker

La familia Baker era una familia normal. Ellos
no eran muy ricos ni muy pobres. Como todas las
familias, tenían problemas a veces, pero generalmente todos se llevaban bien[1].

Nathaniel y Martha Baker vivían en Nueva
Jersey con sus dos hijos, Jason y Haley. Vivían en un
pueblo pequeño que se llamaba New Gretna. Los
muchachos asistían a la escuela Pinelands Regional.

El padre de la familia, Nathaniel, trabajaba en el

---

[1] se llevaban bien - they got along well

parque Bass River State Forest. Era un guardabosques[2]. En su trabajo, él protegía a los animales y las plantas del parque y ayudaba a las personas que iban al parque para pescar en el lago y acampar en el bosque[3]. Nathaniel era muy simpático y sociable, por eso a él le gustaba mucho su trabajo.

Nathaniel, el padre, tenía cuarenta y dos años. Era un poco gordito porque le gustaba comer comida que no era muy buena para su salud. Comía muchas hamburguesas, papas fritas, helados y donas. Cuando iba al supermercado siempre buscaba la comida que ofrecían gratis. Nathaniel comía mucho y era muy tacaño[4] también. El padre era tacaño con todo. No le gustaba gastar dinero.

La madre de la familia se llamaba Martha. Tenía treinta y nueve años. Ella era muy amable. Trabajaba como directora en un museo. Le encantaba la historia. A veces Martha hablaba y hablaba mucho sobre historia. Los muchachos pensaban que ella era la persona más aburrida del mundo cuando hablaba sobre historia con ellos y con sus amigos.

Martha era una persona artística y saludable. Le gustaba mucho sacar fotos de la naturaleza. Ella sólo comía comida que fuera buena para la salud.

[2]guardabosques - park ranger
[3]bosque - forest
[4]tacaño - he was cheap / a tightwad

2

Era vegetariana. Le encantaba hacer ejercicio. También corría en maratones. Estaba en muy buena condición física.

El hijo mayor de la familia era Jason. Tenía dieciséis años y era estudiante en el onceavo (11°) grado. Ese año Jason estaba muy contento porque obtuvo su permiso para manejar un carro. Jason tenía un trabajo en McDonalds® para pagar el carro y comprar la gasolina. Todas las noches cuando iba a la casa después del trabajo Jason le tenía que llevar una BigMac® a su papá. Nathaniel siempre se ponía muy contento con Jason cuando comía su BigMac y veía la televisión.

En la escuela Jason era muy popular. Era un muchacho muy guapo y sociable. Tenía muchos amigos, especialmente entre las chicas. Era muy deportista y atrevido[5]. Jason era una estrella en el equipo de fútbol americano de Pinelands. Jugaba la posición de armador de defensa (quarterback).

Haley era la bebé de la familia. Tenía catorce años y estaba en el noveno grado. Era muy inteligente y estaba en las clases avanzadas también llamadas clases de honores.

[5]atrevido - daring

En la escuela no tenía muchos amigos. Haley era tímida y muy callada en sus clases. En la casa ella era totalmente diferente. Le encantaba la música rock clásica. Su grupo favorito era Led Zeppelin. Ella fue a su cuarto y puso la música muy fuerte. Pasaba muchas horas escuchando la música y cantando. A veces Haley y Jason se peleaban[6] en la casa, pero no mucho. En ese tiempo Haley trataba muy bien[7] a Jason porque él tenía su licencia de manejar y un carro. Eran hermanos como todos los otros hermanos.

La familia Baker era una familia más o menos unida, pero a veces pasaban muchos días sin tiempo para sentarse a la mesa para hablar de los eventos del día. A veces la vida era muy ocupada para ellos. Todos tenían sus trabajos y sus actividades. Era una familia normal. A veces, les gustaba ir de vacaciones para descansar y pasar tiempo como una familia.

[6]se peleaban - they fought with each other
[7]trataba muy bien - she treated him very well

Capítulo 2:
Los Baker van a Atlantic City

Era junio y todo estaba muy loco en la casa de la familia Baker. Los padres estaban muy ocupados con sus trabajos. Jason y Haley tenían mucho que hacer en sus clases. Estaban estudiando mucho para los exámenes finales. Todos estaban muy cansados.

Una tarde, Haley estaba viendo la televisión. Su programa favorito era 'El precio es correcto'. Durante el programa ella vio un anuncio que decía que el programa iba a ir a Atlantic City. Atlantic City quedaba muy cerca de New Gretna. Haley estaba muy contenta y emocionada. Ella quería ir para jugar y conocer a Bob Barker.

Haley corrió rápidamente a la cocina y le dijo a su mamá:

> – El precio es correcto viene a Atlantic City. Yo quiero ir. Yo quiero jugar.

Martha llamó al estudio en Atlantic City y compró cuatro boletos para ver el programa. Ella pensó que iba a ser una buena experiencia para Haley y la familia. Iba a ser un día bonito para todos.

Cuando Nathaniel llegó a la casa, Haley le dijo que la familia iba a ir a Atlantic City para ver El precio es correcto. El padre no estaba muy contento ni muy emocionado con las noticias. Le preguntó a Martha:

> – ¿Y cuánto costaron los boletos? Tú sabes que nosotros no tenemos mucho dinero.

Martha le respondió un poco enojada:

> – ¡No seas tan tacaño[1] Nathaniel! Los boletos sólo costaron veinte dólares. Además[2], nosotros necesitamos pasar tiempo juntos con la familia. La unidad de la familia es muy importante.

El día llegó y toda la familia estaba emocionada por ver el programa. Se montaron en la mini-van y

[1]¡No seas tan tacaño! - Don't be so cheap!
[2]además - besides

fueron a Atlantic City. Ellos querían tener suerte en el juego durante el programa.

En el camino hacia A.C., el padre paró el carro en Krispy Kreme. Nathaniel tenía hambre (como siempre) y quería comprar unas donas. A Nathaniel le encantaban las donas y él compró una docena completa[3].

Ellos llegaron a A.C. y fueron al estudio de televisión. Al llegar, encontraron a Bob Barker enfrente del estudio y con una dona en la boca, Nathaniel le dijo al Sr. Barker:

– Hola Sr. Barker. Soy Nathaniel Baker y ésta es mi familia.

Luego, Nathaniel le ofreció una dona de jalea[4]. Bob Barker estaba muy contento y se comió la dona muy rápidamente. Cuando Nathaniel vio que al Sr. Barker le encantaban las donas también, tuvo una idea. Nathaniel le dijo:

– Hay más donas aquí para usted si nosotros podemos jugar en el programa.

Bob Barker pensó un minuto y respondió:

– Está bien. Ustedes pueden jugar.

Nathaniel le dio las donas. Bob Barker se comió tres donas más en un instante. Muy contento, el Sr.

[3]una docena completa - an entire dozen
[4]una dona de jalea - a jelly doughnut

7

Barker sonrió con jalea por toda la cara.

Unos momentos después, el programa empezó. El anunciador dijo los nombres de los jugadores. La familia estaba súper emocionada cuando el hombre dijo:

– ¡A jugar!

Capítulo 3:
Nathaniel Baker, ¡a jugar!

El precio es correcto

El juego empezó y Nathaniel estaba listo para jugar. Toda la familia estaba viendo con mucha ansiedad. El primer premio[1] era una máquina de ejercicios Bowflex. Martha estaba muy contenta porque ella siempre había querido tener[2] la máquina en la casa.

La primera persona pensó en el precio y dijo:

– Dos mil dólares, Bob.

[1]el primer premio - the first prize
[2]había querido tener - she had always wanted to have

La segunda dijo:

– El precio es dos mil cuatrocientos dólares.

La tercera persona anunció:

– Dos mil cuatrocientos y un dólares, Bob.

Nathaniel estaba muy nervioso. Miró a Martha y a los muchachos. Muchas personas estaban gritando y Nathaniel no podía concentrarse. Todos estaban esperando su precio. Martha le dijo a Nathaniel:

– Un dólar.

Nathaniel miró a Bob Barker y repitió en el micrófono el precio de un dólar. Todos estaban esperando con mucha ansiedad.

Bob Barker anunció:

– El precio real de la máquina Bowflex es mil novecientos noventa y nueve dólares.

Nathaniel, ¡Felicidades, tú ganas!

Todas las personas en el estudio aplaudieron. El padre subió al escenario[3] y le dio la mano a Bob Barker. Nathaniel vio que el Sr. Barker todavía tenía en su cara jalea de las donas que había comido[4]. Sacó una servilleta[5] del bolsillo de sus pantalones. Nathaniel limpió la cara de Bob Barker con la servilleta.

[3]escenario - stage, scene
[4]había comido - he had eaten
[5]una servilleta - a napkin

Bob Barker anunció que Nathaniel iba a jugar el juego Plinko. Nathaniel estaba feliz porque Plinko era su juego favorito. En el juego, Nathaniel ganó cinco fichas[6] que podía usar para ganar dinero. Con las fichas Nathaniel ganó siete mil dólares. Toda la familia gritó y aplaudió mucho. Estaban muy emocionados y contentos con el dinero que ganó Nathaniel.

Más tarde, Nathaniel jugó la rueda grande[7]. La primera persona fue y salieron noventa centavos en la rueda. Era un muy buen número. La segunda persona jugó y salieron noventa y cinco centavos. Cuando Nathaniel estaba a punto de jugar, estuvo muy nervioso y sintió mucha presión. Dio vuelta[8] a la rueda con mucha fuerza. La rueda hizo vueltas rápidas y luego paró en un dólar. ¡Nathaniel ganó! Brincó y gritó con la emoción del momento. Le dio un abrazo muy fuerte a Bob Barker. Todos aplaudieron y gritaron con Nathaniel.

Luego, Nathaniel jugó en el 'Showcase Showdown'. Como él ganó un dólar exacto en la rueda, pudo decidir entre los dos premios del día. Bob Barker anunció el primer premio:

[6]fichas - chips
[7]la rueda grande - the big wheel
[8]dio vuelta a - spun

11

– El primer premio es una tarjeta de crédito muy especial. Con esta tarjeta una persona puede comer gratis en McDonalds por todo el resto de su vida. Tendrá hamburguesas, papas fritas y refrescos para siempre.

Nathaniel estaba súper emocionado porque a él le encantaba comer en McDonalds. Era su restaurante favorito. Se le salió la baba pensando[9] en la idea de comer en McDonalds todos los días... ¡y gratis! Nathaniel miró a su familia y a Martha le gritó:

– ¡Noooooo... Por favor, No! ¡Pásalo!

Nathaniel miró a su esposa y miró a Bob Barker con la tarjeta de McDonalds™ en su mano. Pensó y pensó. Nathaniel tomó la decisión más difícil de su vida. Le dijo a Bob Barker:

– Yo paso, Bob. Quiero el otro premio.

La familia gritó de felicidad. Estaban muy contentos con el padre porque tomó la decisión correcta. Estaban muy orgullosos[10] de él.

Bob Barker anunció el segundo premio:

– Nathaniel, tú y tu familia tienen la oportunidad de tomar unas vacaciones en el hermoso país del Perú. Tú y tu familia van a

[9]se le salió la baba pensando - he drooled thinking about
[10]estaban muy orgullosos - they were very proud

pasar unos días maravillosos en Lima
explorando y visitando los sitios culturales
de la capital. Después pasarán[11] al famoso
Nasca para visitar las líneas misteriosas en
el desierto. Ustedes terminarán[12] visitando
las ruinas antiguas de los indígenas incas
de Machu Picchu. Todo está incluido,
Nathaniel, si el precio es correcto.

Nathaniel y el otro participante dijeron los precios de sus premios. Los dos estaban muy nerviosos y esperaron el precio correcto.

Bob Barker anunció:

– El participante más cerca del precio real de su premio es...Nathaniel Baker.

[11]pasarán - you (pl.) will pass, go
[12]terminarán - you (pl.) will finish, end

Capítulo 4:
El viaje al Perú

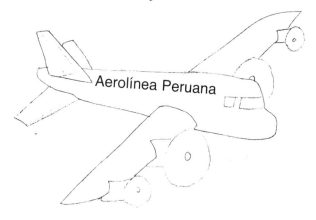

Era el quince de julio y la familia estaba lista[1] para irse de vacaciones. En la escuela las clases ya habían terminado y los muchachos estaban libres[2]. Los padres tomaron dos semanas de vacaciones de su trabajo. Todos tenían sus maletas empacadas y se fueron al aeropuerto. Ellos salieron un poco tarde y por eso, Nathaniel tuvo que manejar un poco rápido. Martha le gritaba porque a veces manejaba como un loco. Ellos llegaron justo a tiempo para subir al avión.

[1]estaba lista - s/he, it was ready
[2]estaban libres - they were free (as in, liberty/freedom)

En el avión el piloto anunció que iban a Lima, Perú. Era un viaje de siete horas. En unos momentos estaban en el aire y una muchacha vino con comida y bebidas. Ella les preguntó si querían cacahuates[3] y refrescos.

Nathaniel se puso muy emocionado pensando en la comida y pidió diez paquetes de cacahuates, tres Coca-colas y dos tazas de café con leche con mucho azúcar. Toda la comida era solamente para él. La muchacha pensó que Nathaniel estaba loco pero ella no le dijo nada. Le dio la comida y las bebidas.

Martha miró a Nathaniel y miró su comida. A veces Martha se preocupaba por[4] la salud de Nathaniel porque él comía muy mal. Ella vio los cacahuates y pensó en un documental que vio en la televisión que hablaba de la historia del cacahuate. Le dijo a Nathaniel:

> – ¿Tú sabes la historia del cacahuate? Es muy interesante. Empieza en el pasado con los indígenas de la región de...
> – Sí, sí, sí... y termina ahora en mi estómago– interrumpió Nathaniel sonriendo.

Martha lo miró con mucha frustración. Ella no entendía porque a él no le interesaba la historia

[3]cacahuates - peanuts
[4]se preocupaba por - she worried about

tanto como[5] le interesaba a ella.

> – Tú sabes mi amor que la historia no me interesa mucho –le dijo Nathaniel con la boca llena de cacahuates.

Para los hijos el viaje pasó muy lentamente. Ellos vieron la película 'Castaway' en los televisores pequeños del avión. Durante la película el piloto anunció que todos los pasajeros necesitaban abrocharse el cinturón de seguridad[6]. El avión iba a pasar por una turbulencia.

Nathaniel escuchó el anuncio y tuvo un gran problema. Como él había bebido tres coca-colas y dos cafés ahora necesitaba usar el baño. Necesitaba usar el baño porque sentía que su estómago iba a explotar. Nathaniel no pudo ir al baño porque el piloto dijo que nadie podía usar el baño durante la turbulencia. Por eso, Nathaniel se quejaba como un bebé:

> – Necesito usar el baño. Quiero ir al baaaa- ño.

¡Qué vergüenza! Mucha gente lo miraron y los muchachos ya no querían sentarse con él por eso.

Un poco después, el piloto anunció que el avión iba a aterrizar[7] en unos minutos. Cuando el avión

[5]tanto como - as much as
[6]abrocharse el cinturón de seguridad - to fasten their seatbelts
[7]iba a aterrizar - it was going to land

llegó a Lima todos los pasajeros entraron al aeropuerto. Nathaniel corrió rápidamente al baño. Llegó al baño y vio dos puertas. Una decía HOMBRES y la otra decía MUJERES. Nathaniel no hablaba español y no sabía qué puerta usar. Corrió por la puerta que decía MUJERES y usó el baño. Cuando salió del baño unas muchachas peruanas que estaban entrando le dijeron a Nathaniel:

– ¿Qué te pasa, bobo? Este baño es de mujeres. ¿Cuál es tu problema?

Nathaniel las miró y les dijo:

– What? Mi no espeak Espaneesh. What?

Ellas lo miraron y se rieron.

La familia buscó las maletas y después pasaron por la aduana[8] para entrar oficialmente al país del Perú. Luego fueron directo al banco en el aeropuerto para cambiar el dinero. Ellos tenían dólares de los Estados Unidos y necesitaban nuevos soles, el dinero del Perú. Ellos cambiaron $500 dólares americanos y recibieron $1650 nuevos soles.

Con el dinero, fueron a la parada de taxi para ir al hotel. En la ciudad había mucho tráfico. Después de veinte minutos, llegaron al hotel.

Subieron al cuarto y se acostaron en las

---

[8]la aduana - customs (office/official)

camas. Todos estaban muy cansados. Nathaniel agarró el control remoto y prendió la televisión. Todos
estaban sorprendidos porque había muchos canales
en inglés. En New Gretna sólo había dos canales en
español.

Nathaniel puso las noticias en el canal de CNN
y ellos vieron las noticias del día. ¡Vieron a Bob
Barker en las noticias! Escucharon el noticiero:

– Bob Barker está en el hospital con problemas del corazón. Tuvo un ataque al corazón. Según los médicos, su problema car-
diaco es el resultado de comer mucha
grasa. El Sr. Barker ha tenido[9] el colesterol
muy alto durante veinte años y había estado tomando[10] medicina para controlarlo.
Hoy, los doctores lo operaron y encontraron una docena entera de donas de jalea
en su estómago. Aquí está el Dr.
Kevorkian para hablarnos acerca de su
condición:

– Operamos al Sr. Barker y él se está recuperando en el Hospital Hollywood. Abrimos
sus arterias y sacamos una docena de donas
de su estómago. Vamos a mandarlo a un

[9]ha tenido - he has had
[10]había estado tomando - he had been taking

18

especialista en dietética para establecer una
rutina de ejercicios.

La familia se sintió muy mal y responsable por el
ataque al corazón de Bob Barker. Después de una
hora, la familia se acostó porque todos estaban muy
cansados.

Capítulo 5:
El robo del museo

   A las nueve de la mañana, la familia se despertó. Ellos durmieron hasta tarde porque estaban muy cansados. Fueron a la cafetería del hotel y desayunaron. Había cereal y jugo de naranja. Los muchachos estaban muy contentos con el desayuno porque para ellos era comida normal y no era nada asqueroso[1]. Después del desayuno, la familia salió del hotel en un taxi y fueron al centro para explorar la capital.

[1] asqueroso - nasty, disgusting

Como a Martha le encantaba la historia, ella quería ir al museo nacional. El museo se llamaba Museo Nacional de Arqueología y Antropología. Ella quería ir para estudiar la historia del Perú. Quería ver los artefactos de las culturas indígenas. Los muchachos se quejaron porque no querían ir. Para ellos un museo era muy aburrido. Los padres les dijeron a los muchachos que tenían que ir al museo porque no podían estar solos en la ciudad.

Unos minutos después, la familia estaba en el museo. Entraron y pagaron $20 nuevos soles por persona para entrar. Pasaron adentro para ver las exhibiciones.

Primero fueron a ver la sección de la ropa y textiles antiguos. Toda la ropa de los grupos indígenas[2] era muy bonita. Tenía muchos colores diferentes y brillantes. Muy rápidamente los muchachos se aburrieron y pasaron solos a otra parte del museo. No querían estar con su mamá porque ella iba muy despacio leyendo todas las descripciones y sacando muchas fotos.

Haley vio una máscara de oro[3] que le interesó. Ella y Jason entraron en el salón de los artefactos de oro. Ellos vieron que todo ahí estaba hecho de[4] oro

[2]indígenas - indigenous (original inhabitants)
[3]una máscara de oro - a gold mask
[4]estaba hecho de - is made of

y todo era muy brillante. Vieron máscaras, platos, vasos, figuras y muchas joyas de oro. Todo era de los incas, los pueblos indígenas del Perú. Muy pronto los muchachos se aburrieron otra vez y pasaron al otro salón.

Mientras tanto[5], Martha todavía estaba en el salón de la ropa y textiles. Pasó una hora entera en el pequeño salón. Nathaniel estaba un poco aburrido y como siempre el papá ya tenía mucha hambre. Nathaniel se quejó porque ella estaba tomando mucho tiempo en esa sección. El padre se aburrió y salió del museo para buscar un restaurante.

Los muchachos entraron en una parte muy interesante del museo. Había muchas momias antiguas. Jason miró algo y le gritó a Haley:

– ¡Mira esto!

Haley dio la vuelta y vio una cabeza muy pequeña. La cabeza era de un verdadero ser humano[6]. Cuando vio la cabeza, Haley gritó:

– ¡QUE ASCO!

Ellos miraron la cabeza y vieron todos los detalles y el pelo. Era una cabeza perfecta pero en miniatura. Tenía más o menos el tamaño[7] de una

---

[5]mientras tanto - in the meantime
[6]un verdadero ser humano - a real human being
[7]tamaño - size

pelota de béisbol. Los muchachos miraron la cabeza y decidieron que les gustaba. Dijeron que la cabeza era chévere[8] y la querían. Ellos miraron alrededor y no había personas ni guardias en el salón. Sin pensar ni considerar las consecuencias, Haley agarró la cabeza reducida y la puso adentro de su mochila y salieron del salón.

Los muchachos estaban muy nerviosos porque se habían robado[9] la cabeza y salieron del museo rápidamente. Ellos sabían que su mamá iba a estar en el museo por muchas horas y decidieron explorar la capital. Caminaron por las calles viendo todo. Todo era muy diferente a New Gretna. Jason le dijo a Haley que tenía hambre y los dos buscaron un restaurante.

Encontraron un restaurante limpio y los muchachos entraron para comer. Leyeron el menú y la única comida que ellos conocían era arroz con pollo. Pidieron la comida y también dos Coca-Colas. Jason pidió su Coca-Cola con mucho hielo porque le gustaban sus bebidas muy frías.

Un poco más tarde Nathaniel entró en el restaurante donde estaban comiendo Jason y Haley. Se sorprendió cuando vio a sus hijos en el restaurante.

[8]chévere - "cool" (A South American slang word).
[9]se habían robado - they had stolen

El papá les preguntó un poco enojado:

> – ¿Por qué están ustedes aquí? ¿Por qué no están en el museo?

Un poco nervioso Jason le respondió:

> – Nosotros teníamos mucha hambre. Además el museo es demasiado aburrido para nosotros. Mamá va a estar allí todo el día. ¡Qué aburrido!
>
> – Tienen razón[10] chicos. Su mamá está loca por la historia. Ella va a pasar todo el día en el museo. Sin embargo, Uds. me debían haber avisado[11] que iban a salir del museo.

Después de unas horas de caminar por las calles y explorar la capital, Nathaniel y los muchachos regresaron al museo. Entraron y encontraron a Martha en el salón de los artefactos de cerámica. Ella estaba muy contenta en el museo y quería pasar el resto del día allí. Nathaniel le dijo que todos tenían que regresar al hotel porque Jason no se sentía muy bien. Le dolía el estómago.

---

[10]tienen razón - you are right

[11]me debían haber avisado - you should have notified (warned) me

Capítulo 6:
La salida a escondidas

Al llegar al hotel, los padres dijeron que estaban cansados y querían acostarse. Haley exclamó:

– ¡Pero sólo son las siete y media de la noche! ¡No podemos ir a la cama tan temprano!

Sin esperar, los padres se acostaron y se durmieron. Cuando los padres se durmieron, los muchachos quisieron salir del hotel. Querían ver la ciudad de noche. Querían explorar la capital sin los padres.

Los muchachos necesitaban dinero y Haley agarró un billete de $100 nuevos soles de la billetera de Nathaniel. Jason miró a Haley y le dijo:

– ¿Estás loca? ¿Vas a robarle dinero a papá?

– Necesitamos dinero si vamos a salir. No tenemos nada. No es un robo, sino un préstamo[1].

– Pues agarra $200.

Los muchachos salieron del cuarto con mucho cuidado porque no querían despertar a los padres. Salieron del hotel a la ciudad. Estaban un poco nerviosos pero sabían que iban a tener una buena aventura esa noche.

Los muchachos caminaron por las calles de la ciudad y llegaron a la plaza en el centro de Lima. Había muchas personas pasando tiempo con los amigos. Había grupos de músicos tocando música típica del Perú. Los músicos tenían varios instrumentos como flautas de bambú y diferentes guitarras grandes y pequeñas. La música era muy alegre. A los chicos les gustaba mucho la música y se sentaron para escucharla.

En la plaza dos chicas peruanas vieron a los muchachos norteamericanos y se acercaron para hablar con ellos. Las chicas eran muy simpáticas y Jason pensó que ellas eran muy bonitas.

[1]un préstamo - a loan

Se llamaban Margarita y Sonia. Ellas hablaban inglés porque las dos fueron a una escuela bilingüe. Querían practicar el inglés con los muchachos y también ellas pensaban que Jason era un muchacho muy guapo.

Hablaron en la plaza por mucho tiempo. Hablaron de sus intereses. Jason les dijo que él jugaba fútbol americano. Margarita tocó el brazo de Jason y le dijo:

– Tú eres muy grande y fuerte.

Jason le respondió:

– Gracias. Todos los días yo voy al gimnasio. Me encanta hacer ejercicio y practicar fútbol americano con mi equipo de la escuela. Nosotros somos los campeones del estado de Nueva Jersey. Muchas personas dicen que yo soy el jugador estrella del equipo. Yo juego de armador de la defensa o quarterback, la posición más importante de todas.

Las muchachas pensaban que Jason era un muchacho encantador y continuaron hablando con él sobre el fútbol americano. Solamente les interesaba Jason y hablaban con él como si Haley no existiera[2].

²como si Haley no existiera - as if Haley didn't exist

Haley no habló nada con ellas. Ella pensó que quería vomitar cuando escuchó a su hermano coqueteando[3] con las chicas peruanas.

Luego ellos hablaron de música. Haley prestó más atención a la conversación porque a ella le encantaba la música. Ella les dijo:

> – Mis grupos favoritos son Led Zeppelin, The Doors y The Who. Me encanta la música rock clásica.

Sonia y Margarita le preguntaron a Haley:

> – ¿Quiénes son esos grupos? ¿Qué tipo de música es? Eran nombres muy raros. No nos gusta esa música.

> – Ni importa[4].

Haley se sentía muy sola porque no tenía nada en común con las chicas. Ella no dijo nada por el resto de la noche.

Margarita le preguntó a Jason si le gustaba bailar. Jason le respondió con una sonrisa:

> – Me gustaría bailar contigo.

Margarita sonrió y les dijo:

> – ¡Vamos a la discoteca!

Sonia respondió gritando:

> – Sí, ¡Buena idea Margarita! ¡Vamos!

[3]coqueteando - flirting
[4]ni importa - it doesn't matter, whatever

Los muchachos caminaron a la discoteca porque no estaba muy lejos de la plaza.

Cuando entraron a la disco todos los muchachos estaban bailando a la canción *Suavemente*. Pagaron $15 nuevos soles por las entradas y pasaron a la pista de baile[5]. Todos estaban bailando y Haley pensó que era muy diferente a los bailes en Nueva Jersey. En su escuela los muchachos no bailaban mucho, pero aquí en Perú todos bailaban.

De repente, Jason se sintió muy mal otra vez. Tenía mucho dolor de estómago. Jason no quería bailar porque le dolía mucho el estómago. No quería bailar pero sí quería estar con las chicas peruanas. Por eso Jason trató de bailar.

Todos los muchachos bailaron muchas canciones. Las chicas le enseñaron a Jason como se bailaba la salsa. Pasaron un buen tiempo bailando y hablando.

Los muchachos continuaron bailando salsa, pero el estómago de Jason se puso muy, muy mal. Le dolía mucho y pronto, Jason sintió nauseas. Ya no pudo bailar más. Durante la canción *Brujería*, salió corriendo de la pista de baile. Corrió rápidamente hacia el baño. Margarita miró a Sonia con curiosidad y le preguntó:

[5]la pista de baile - the dance floor

– ¿Qué le pasa a Jason? ¿Por qué salió corriendo?

– Yo no sé qué le pasa.

Entonces, las dos miraron a Haley y le preguntaron:

– ¿Está bien Jason?

Pensando en lo que hicieron en el museo, Haley les respondió nerviosamente:

– Yo no sé qué tiene. Se ha sentido mal desde que salió del museo esta mañana.

Haley no podía dejar de pensar en el robo de la cabeza reducida. Además de pensar en las consecuencias legales, ella pensaba en las consecuencias espirituales. Quizás la cabeza reducida tenía una maldición[6].

Después de treinta minutos, Jason salió del baño. Fue a la pista de baile para buscar a Haley y las muchachas peruanas. Jason encontró a las peruanas bailando y se puso muy triste. Margarita y Sonia estaban bailando con otros dos muchachos muy guapos. Ellas miraron a Jason y no le dijeron nada.

Jason agarró el brazo de Haley y los dos salieron de la discoteca y regresaron al hotel.

[6]una maldición - a curse

Capítulo 7:
Una excursión al sur

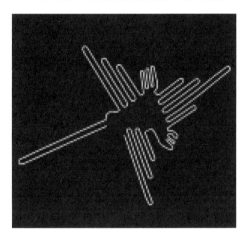

Al día siguiente, los padres despertaron a Jason y Haley a las cinco de la mañana,. Jason le gritó a la mamá:

– ¿Cuál es tu problema? ¡Son las cinco de la mañana, es hora de dormir!

Martha les dijo que tenían que levantarse porque iban a ir de excursión. Iban a ver las líneas Nasca en el sur del Perú. Los muchachos estaban muy cansados porque habían regresado de la discoteca a la media noche.

A las seis, un bus pequeño llegó al hotel para

llevar a la familia a la excursión. Nasca quedaba un poco lejos de Lima, casi a seis horas en automóvil. Los muchachos trataron de dormir en el autobús pero no pudieron. El autobús no tenía aire acondicionado y ellos tenían mucho calor.

En el camino hacia Nasca, el autobús paró[1] en un restaurante para que usaran el baño y compraran comida. Nathaniel entró para comprar unas Coca-Colas. Cuando abrió su billetera, el padre vio que no había mucho dinero. Nathaniel le dijo a Martha:

> – Yo pensaba que tenía más dinero. ¿Sacaste dinero de mi billetera? Me falta[2] mucho dinero.

Cuando Haley escuchó a su padre, se puso muy nerviosa. Ella miró a Jason con una mirada de terror. Jason sintió un dolorcito en el estómago otra vez. ¿Era posible que la cabeza reducida tuviera una maldición? Jason y Haley se miraron el uno al otro y estaban muy nerviosos cuando su madre le respondió:

> – Sí mi amor. Ayer yo saqué unos nuevos soles para comprar una camiseta en el museo.
> – Bueno, está bien.

[1]el autobús paró - the bus stopped
[2]me falta - I am missing, I lack

Los muchachos escucharon la respuesta de Martha y los dos respiraron profundamente³. Después de unos momentos de descanso, el autobús continuó en ruta hacia Nasca.

Al mediodía el bus llegó a Nasca. Había un museo que tenía artefactos e información sobre las líneas e historia de Nasca. En el museo la familia aprendió mucho sobre las líneas misteriosas de Nasca. Las líneas eran dibujos gigantes y líneas rectas en el piso del desierto⁴. Había unos dibujos que eran símbolos de animales, pájaros, plantas y criaturas del mar.

Martha le explicó a la familia que había diferentes teorías sobre las líneas⁵ de Nasca. Muchas personas pensaban que las líneas formaban un aeropuerto de extraterrestres. Otras personas creían que las líneas eran un calendario o mapa de las estrellas. Unos arqueólogos pensaban que las líneas Nasca formaban un mapa de las diferentes fuentes⁶ de agua en el piso del desierto. Entre todas las teorías la más popular era que las líneas y símbolos tenían un origen religioso.

³respiraron profundamente - they breathed deeply
⁴el piso del desierto - the desert floor
⁵teorías sobre las líneas - theories about the line
⁶fuentes (de agua) - (water) sources or fountains

Los muchachos rápidamente se aburrieron del museo y de la lección de Martha y se pusieron muy contentos cuando entró el piloto. Para ver las líneas, uno tenía que subir en un avión o helicóptero. El piloto les dijo que todo estaba listo y ellos salieron del museo y se subieron al helicóptero.

En el aire, vieron las líneas con mucha claridad. Estaban impresionados porque los dibujos eran enormes y perfectos. El piloto les explicó que las líneas tenían muchos, muchos años de estar ahí en el desierto. Les dijo que no tenían instrumentos modernos cuando construyeron las líneas y los dibujos. Sin la oportunidad de volar, las personas indígenas que construyeron las líneas nunca vieron la belleza[7] de su trabajo.

Después de ver las líneas y almorzar en la cafetería del museo, la familia se subió otra vez al bus para regresar a Lima. Los muchachos ahora estaban súper cansados. En el camino hacia Lima, el chofer anunció que había un problema con el bus. El chofer estacionó[8] el autobús al lado de la calle y de repente todos escucharon un ruido muy fuerte[9].

[7]belleza - beauty
[8]estacionó - parked
[9]un ruido muy fuerte - a very loud noise

Al lado de la calle el bus chocó con un cacto. Ahora el bus tenía una llanta pinchada[10].

Mientras el chofer cambiaba la llanta mala, un bus grande paró en la calle para ayudarles. El chofer del bus grande dijo que ellos iban también a Lima. La familia decidió subir al bus porque tenían mucho calor y no querían estar en el desierto.

En el bus había muchas personas. Jason y Haley caminaron hacia el fondo[11] del bus y encontraron asientos. Ellos trataron de hablar en español con unos niños peruanos que estaban allí.

Después de unos minutos en el bus, Haley se aburrió y decidió buscar su iPod para escuchar música. En su mochila Haley vio la cabeza reducida y la sacó para mostrársela[12] a los niños. Cuando los niños vieron la cabeza, gritaron con horror. Los niños tenían mucho miedo y corrieron hacia el frente del bus. Haley pensó:

– ¿Qué les pasa a los niños? Es una cabeza muy chévere.

Después de unas horas, el bus llegó a la estación de Lima. Los Baker tomaron un taxi al hotel. Finalmente los muchachos pudieron acostarse a dormir.

[10]una llanta pinchada - a punctured/flat tire
[11]hacia el fondo - to the back
[12]mostrársela - to show it to them

Capítulo 8:
¡A Cuzco!

Al día siguiente, la familia estaba muy cansada por la excursión a Nasca. Los muchachos no quisieron hacer nada. Pasaron todo el día durmiendo en el hotel.

Por la tarde los padres visitaron una agencia de viajes[1]. Querían hacer planes para visitar las ruinas incaicas de Machu Picchu. Todos decían que Machu Picchu era muy hermoso e impresionante.

[1] una agencia de viajes - a travel agency

En la noche, la familia cenó en un restaurante de comida típica peruana. El padre pidió los platos más típicos para la familia. Primero, pidió papas a la huancaína, una comida peruana muy famosa. Luego, pidió ají de gallina que era pollo en una salsa blanca de leche. Al final, pidió cuy chaktado[2], preguntándole al mesero:

– ¿Qué es cuy?

– Es un animalito que se come en Perú y Ecuador. Es un plato rico y muy famoso.

– ¡Perfecto! ¡Que nos traiga cuy entonces!

Una media hora después, el mesero les trajo los platos. Agarró el plato de cuy y lo puso enfrente de Haley. Al verlo, Haley se asustó y gritó:

– ¿Qué es este animal en mi plato? ¡Qué horror!

– Señorita, cálmese. Es el cuy que pidió su padre.

– Déjelo enfrente de él entonces. ¡Qué asco!

Al ver el animal entero[3], Haley ya no quiso comer. Ya no tenía hambre. Su padre, por el contrario, agarró el animal y se lo comió como si fuera[4] una Big Mac.

---

[2]cuy chaktado - baked guinea pig
[3]entero - entire, whole
[4]como si fuera - as if it were

Después de la cena, la familia caminó a un café para comer un postre y tomar un café con leche. Haley, que ahora tenía mucha hambre, pidió dos postres y un café grande. Todos comieron sus postres y luego regresaron al hotel para acostarse.

El día siguiente, la familia tomó un taxi al aeropuerto para el vuelo a Cuzco. Cuzco era la antigua capital de la civilización incaica. De allí la familia iba a tomar un tren hasta las ruinas de Machu Picchu.

En el aire la familia tenía un poco de miedo porque el avión era muy pequeño y se movía mucho. Ellos miraron hacia abajo y vieron las montañas de los Andes. Vieron muchas montañas y entre ellas, una ciudad pequeña. Vieron muchas casas pequeñas, pegadas[5] unas a otras y todas con techos[6] rojos. El piloto anunció que la ciudad era Cuzco. También anunció que hacía mucho viento cerca de Cuzco y que el avión iba a moverse mucho. Los pasajeros necesitaban abrocharse sus cinturones de seguridad.

Haley no escuchó nada de lo que dijo el piloto. Como siempre, ella estaba escuchando su música muy fuerte. Haley estaba muy impresionada con la belleza de la ciudad y estaba mirando todo por la ventana del avión.

[5]pegadas - stuck together, very close
[6]techos - roofs

De repente, el avión se movió mucho hacia la derecha por el viento. Haley, que no tenía su cinturón de seguridad abrochado, tenía su iPod en la mano y cuando el avión se movió, el iPod se le cayó de la mano[7]. El iPod chocó con la ventana y Haley chocó con Jason. Haley miró con horror mientras su iPod chocaba con la ventana y se caía al suelo. ¡Su iPod estaba destruido! Haley se puso muy triste y enojada porque pensó que no podía vivir sin su música. En ese momento, ella pensó en la mala suerte que había tenido ese día. ¿Le había traído[8] mala suerte la cabeza? No podía ser. Esa idea era una tontería.

Cuando el avión aterrizó, la familia caminó por la ciudad y habló con el guía turístico que la acompañaba. Ellos vieron muchas casas y edificios muy antiguos. La arquiectura era muy interesante. Las bases de las casas eran de piedra de la época incaica[9] pero encima de las bases no había arquitectura inca. Encima de las bases incaicas había arquitectura española.

El guía turístico le explicó a la familia que los conquistadores españoles habían destruido la ciu-

[7]se le cayó de la mano - felt out of her hand
[8]le había traído - it had brought her
[9]piedras de la época incaica - stones from the Incan times

dad. Ellos invadieron el Perú para buscar oro y ganar dinero. Destruyeron mucho de la cultura incaica incluyendo las casas y los edificios[10]. Cuando destruyeron todo, los españoles construyeron sus casas y edificios encima de las bases incaicas como un símbolo del triunfo. Muchos de los españoles trataron muy mal[11] a los incas.

Después de caminar por la ciudad la familia cenó en el restaurante del hotel. Todos se acostaron temprano porque al día siguiente iban a levantarse muy temprano. Iban a visitar las ruinas de Machu Picchu.

[10]edificios - buildings
[11]trataron muy mal - they treated them very badly

Capítulo 9:
La belleza de Machu Picchu

En la mañana, la familia se despertó muy temprano para ir a Machu Picchu. Todos estaban muy cansados pero fueron al restaurante para desayunar. La mesera llegó a la mesa y les preguntó:

– ¿Cómo están? ¿Van a las ruinas hoy?

Los muchachos estaban prácticamente dormidos en la mesa y no respondían. Martha le dijo a la mesera:

– Sí, hoy vamos a visitar las ruinas pero estamos muy cansados. No nos sentimos muy bien, estamos con un poco de dolor de cabeza.

La mesera les dijo a ellos que esperaran un momento. Ella fue a la cocina.

Unos minutos después, la mesera regresó con cuatro tazas de té. Ella les explicó a los Baker que estaban sufriendo los efectos de la altitud. Cuzco quedaba muy alto en las montañas y había mucho menos oxígeno en el aire. Eso causaba cansancio[1] y dolor de cabeza.

La mesera les dio las tazas de té. Era un té especial que se llamaba 'mate de coca'. El té se hacía con hojas[2] de la planta de coca. No era tan fuerte como la droga cocaína, pero sí tenía un estimulante como la cafeína en el café. La mesera dijo que el mate de coca curaba los efectos de la altura. La familia bebió el té y desayunó. En unos minutos ellos se sintieron un poco mejor.

La familia salió del hotel y fue a la estación del tren para subir a las montañas de Machu Picchu. En cuatro horas, llegaron a un pueblo que se llamaba Aguas Calientes. Allí tomaron un bus a las ruinas.

[1]eso causó cansancio - that caused tiredness
[2]hojas - leaves

Cuando llegaron a las ruinas, vieron a un guía turístico con un papel en la mano que decía *Familia Baker*.

Cuando la familia entró y vio las ruinas tan espectácularers, se sintieron realmente impresionados. Vieron las ruinas de muchas casas y edificios diferentes encima del pico de una montaña muy alta. Había mucha vegetación verde. Los picos de las montañas llegaban hasta las nubes[3]. Se acercaron a las ruinas y observaron que todo estaba construido de piedras cortadas[4] perfectamente. Machu Picchu era una belleza.

El guía turístico llevó a la familia por las ruinas. Había dos partes diferentes. Una parte era de la agricultura donde los inca cultivaban la comida. La otra parte era la ciudad donde vivían los sirvientes del gobernante[5]. El guía les explicó que Machu Picchu era un centro de recreo espiritual[6] de uno de los gobernantes importantes de los incas.

La familia estaba completamente impresionada con la belleza y perfección de todo en Machu Picchu. Les impresionó la forma como los incas construyeron todo sin instrumentos modernos. Los

[3]llegaban hasta las nubes - they reached up to the clouds
[4]piedras cortadas - cut stones
[5]los sirvientes del gobernante - the servants of the king
[6]un centro de recreo espiritual - a spiritual retreat center

Bakers pasaron el resto del día explorando las casas y edificios de las ruinas. En la tarde, la familia regresó a un hotel en Aguas Calientes para descansar y pasar la noche.

A la mañana siguiente, la familia subió a las ruinas porque tenían un día libre para explorar las ruinas otra vez. Era un día muy bonito. Hacía sol en la mañana y todo se veía lindísimo[7].

La familia caminó por las ruinas y llegó a una parte que parecía ser gradas[8] en un lado de la montaña. Martha les explicó que las gradas eran terrazas. Les dijo que las terrazas eran una manera de cultivar comida en las montañas muy inclinadas[9]. Martha empezó a explicarles como los indígenas incas cultivaban comida y como los españoles descubrieron nueva comida cuando llegaron al Perú. Una de las comidas más importantes que descubrieron fue la papa.

Después de media hora, escuchando la lección de Martha, Haley le dijo a su mamá:

> – Bueno, Mami. Todo esto es muy interesante, pero ¿Cuándo vamos a ver las cabezas reducidas en Machu Picchu? Yo vi las

[7]todo se veía lindísimo - everything looked very beautiful
[8]parecía ser gradas - seemed to be graded
[9]muy inclinadas - very steep

cabezas pequeñas en el museo en Lima.
Me gustan. Son muy chéveres.

Martha sonrió y le respondió a Haley:

– No hay cabezas reducidas en Machu
Picchu. La cultura incaica no hacía cabezas reducidas. En Perú solamente los pueblos Jívaro hacían las cabezas pequeñas
cuando conquistaban a sus enemigos. No
hay cabezas reducidas en Machu Picchu.

Durante esta conversación un grupo de turistas
peruanos llegó a ver las terrazas. En el grupo un
hombre escuchó la conversación de los Baker. El
hombre peruano interrumpió y le dijo a Haley con
un tono muy serio[10]:

– ¡Tú no quieres una cabeza reducida! Son
muy malas. Las pequeñas cabezas traen
muy mala suerte a las personas que las tienen. Si tú quieres una cabeza reducida
estás loca. Las cabezas son muy malas.

Haley dio la vuelta y miró a Jason. Jason miró a
Haley con una mirada de sorpresa y confusión.
Inmediatamente los dos pensaron en el pasado.
Pensaron en todo el tiempo en Perú. Pensaron en la
discoteca y como se enfermó Jason. Pensaron en los
problemas del bus de Nasca y como reaccio-

[10]un tono muy serio - a very serious tone

naron los niños cuando vieron la cabeza en el bus grande. Pensaron en el iPod de Haley cuando se rompió.

Ahora todo tenía sentido[11]. Era la mala suerte de la cabeza reducida.

Haley dio la vuelta y les dijo a sus padres que ella y Jason querían explorar más las ruinas. Nathaniel y Martha les dijeron que estaban cansados pero estaba bien si ellos querían explorar las ruinas solos. Los muchachos salieron de la terraza rápidamente porque estaban muy nerviosos por la noticia de la mala suerte de la cabeza reducida.

Un poco después cuando estaban a solas, Haley y Jason hablaron de la cabeza. Haley le dijo a Jason:

– Yo tengo mucho miedo. ¿Qué vamos a hacer con la cabeza?

– ¡Necesitamos botar[12] la cabeza ahora mismo! Tengo una idea. Vamos a la torre[13] que vimos ayer con el guía turístico.

Los muchachos fueron prácticamente corriendo a la torre. Subieron la torre, y cuando estaban allí arriba, Jason sacó la cabeza de la mochila de Haley. Jason iba a tirar la cabeza desde la torre pero

[11]todo tenía sentido - everything made sense
[12]botar - to get rid of
[13]la torre - the tower

46

Haley le gritó:

> – ¡No tires la cabeza Jason! Me siento muy mal. No debimos haber robado[14] la cabeza del museo. ¡Esta cabeza nos trajo mala suerte!
>
> – Sí, tenemos que deshacernos[15] de la cabeza ahora. ¿Qué hacemos?
>
> – ¿Por qué no dejamos la cabeza aquí sobre el altar?
>
> – Sí, buena idea. Quizás un guía turístico encontrará la cabeza y la devolverá al museo.
>
> – Exacto.

Los muchachos dejaron la cabeza sobre el altar y se fueron corriendo. Se encontraron con sus padres y se sintieron mucho mejor.

[14]No debimos haber robado - we shouldn't have stolen
[15]deshacernos - undo (to us), rid ourselves

Capítulo 10:
El regreso del Perú

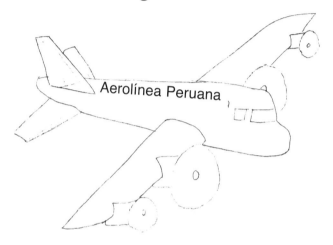

En el último día de las vacaciones, la familia se preparó para regresar a los Estados Unidos. Estaban en el hotel empacando las maletas. Estaban muy contentos porque iban a su casa pero estaban tristes también. Ellos realmente disfrutaron mucho de estar en Perú.

Después del desayuno, la familia tomó un taxi al aeropuerto. El avión salió a las once de la mañana. No hubo ningún problema en el vuelo y llegaron a Atlantic City a tiempo.

Cuando llegaron a la casa, todos estaban muy cansados. Martha no quería cocinar y por eso, pidió unas pizzas de la Pizzería Naples. La familia se sentó en la sala para comer las pizzas y vio la televisión. Nathaniel agarró el control remoto y puso las noticias. Los muchachos se quejaron porque las noticias eran aburridas, pero el padre no cambió el canal.

De repente salió un breve especial en las noticias. El anunciador dijo que Bob Barker, el súper estrella de "El precio es correcto" ahora estaba mucho mejor. Los doctores anunciaron que él podía regresar a casa. Dijeron que Bob Barker podía regresar al programa al día siguiente. Solamente dijeron que no podía comer donas por el resto de su vida, si no quería otro ataque al corazón.

Haley se levantó del sofá y gritó:

    – ¡Qué bueno! Bob Barker ahora está bien. ¡Bob Barker está bien! Yo estaba muy preocupada por él[1]. ¡Qué bueno!

La familia pasó el resto de la noche en la casa viendo la televisión. Hablaban de las buenas experiencias en Perú. A las once, Nathaniel y Martha les dieron besos a los muchachos y se fueron a dormir.

---

[1] Yo estaba muy preocupada por él. - I was very worried about him.

Haley miró a Jason y riéndose, le dijo:

– ¡Qué buena aventura tuvimos!

– Estoy cansadísimo de la aventura en Perú. Necesito unas vacaciones de las vacaciones.

– La vida normal ya no me parece aburrida…

GLOSARIO

a - to

abrazo - hug *(noun)*

abrimos - we opened

abrió - s/he opened

abrocharse - to buckle, to fasten

aburrido(a) - boring

(se) aburrieron - they got bored

(se) aburrió - s/he got bored

acerca de - near, about

(se) acercaron - they approached, came closer

(se) acostaron - they laid down

acostarse - to lie down

(se) acostó - s/he laid down

además - besides, in addition

adentro - inside

aduana - customs

agarra - s/he grabs; grab *(command)*

agarró - s/he grabbed

agua - water

ahí - there

ahora - now

ají - chile

al - to the

alegre - happy

algo - something

allí - there

almorzar - to eat lunch

alrededor - around

alto - tall

amable - friendly

amigos - friends

amor - love

año(s) - year(s)

aprendió - s/he learned

aquí - here

arroz - rice

(que) asco - how disgusting

asientos - seats

asistían - they attended

asqueroso - gross, disgusting

(se) asustó - s/he got startled

aterrizar - to land

aterrizó - s/he, it landed

atrevido - daring

avión - airplane

ayer - yesterday

ayudaba - s/he helped

ayudarles - to help them

azúcar - sugar

bailaba - s/he danced; he was dancing

bailaban - they danced, were dancing

bailando - dancing

bailar - to dance

bailaron - they danced

baile(s) - dance(s) *(noun)*

baño - bathroom

bebidas - drinks *(noun)*

(había) bebido - (s/he had) drunk

belleza - beauty

bien - well, fine

billetera - wallet

blanca - white

bobo - fool, moron

boca - mouth

boleto(s) - ticket(s)

bolsillo - purse, bag

bonita(s) - pretty

bosque - forest

brazo - arm

brincó - s/he jumped

brujería - withcraft

buen - good

bueno(a) - good

buscaba - s/he looked for, was looking for

buscar - to look for

buscaron - they looked for

buscó - s/he looked for

cabe - s/he, it fits

cabeza - head

cacahuates - peanuts

cacto - cactus

café - coffee

callada - quiet

calle(s) - street(s)

calor - warm

cama(s) - bed(s)

cambiaba - s/he changed, was changing

cambiar - to change

caminar - to walk

caminaron - they walked

camino - road, path

camiseta - t-shirt

campeones - champions

canción(es) - song(s)

cansada(s) - tired

cansado(s) - tired

cantando - singing

cara - expensive

casa - house

casi - almost

catorce - fourteen

cena - light evening meal

cenó - s/he ate dinner

cerca - close, nearby

chaktado - Incan word for baked

chévere - cool *(slang expresión)*

chicas - girls

chicos - boys

chocó - s/he, it crashed

cinco - five

cinturón de seguridad - seatbelt

ciudad - city

cocina - kitchen

cocinar - to cook

comer - to eat

comía - s/he ate, was eating

comida - food

(había) comido - (s/he had) eaten

comiendo - eating

comió- s/he ate

como - as, like

compró - s/he bought

comprar - to buy

(que) compraran - that they buy (bought) *(past subj.)*

compró - s/he bought

con - with

conocer - to know (a person)

conocían - they knew

contigo - with you

coqueteando - flirting

corazón - heart

corría - s/he ran, was running

corriendo - running

corrieron - they ran

corrió - s/he ran

creían - they believed, were believing

cuál - which

cuando - when

cuánto - how much

cuarenta - forty

cuarto - room

cuatrocientos - four hundred

cuidado - careful

cuy - guinea pig

de - of, from

de repente - suddenly

debían - should

debían haber avisado - you (all) should have advised

decía - s/he said, was saying

decían - they said, were saying

dejar - to leave (behind)

del - of the

demasiado - too (much)

deportista - athlete, sport figure

desayunaron - they ate breakfast

desayuno - breakfast

descansar - to rest

(un) descanso - a rest

descubrieron - they discovered

desde - since

despacio - slow

despertar(se) - to wake up

(se) despertaron - they woke up

(se) despertó - s/he woke up

después - after

destruyeron - they destroyed

devolverá - s/he will return (an item)

día(s) - day(s)

dibujos - pictures, drawings

dicen - they say

Glosario

dieciséis - sixteen
diez - ten
dijeron - they said
dijo - s/he said
dinero - money
dio - s/he gave
dio vuelta - s/he gave a spin
disfrutaron - they enjoyed
docena - dozen
(le) dolía - it hurt, was hurting (him)
dolor - pain
(un) dolorcito - a little pain
donde - where
dormidos - asleep
dormir - to sleep
dos - two
durmiendo - sleeping
durmieron - they slept
(se) durmieron - they fell a-sleep
él - he
el - the
ella - she
ellas - they (females)
ellos - they (males or males and females)
emocionado(a) - excited
empacadas - packed
empezó - s/he, it started
empieza - s/he, it starts
en - in

encima - on top of
enfrente - in front of
enojado(a) - angry
enseñaron - they taught
entendía - s/he understood, was understanding
entera - entire, whole
entonces - then
entradas - tickets; entrances
entre - between
equipo - team
era - I, it, s/he was
eran - they were
eres - you are
es - it, s/he is
esa - that
escondidas - hidden
escuchando - listening
escuchar - to listen to
escucharla - to listen to it
escucharon - they listened to
escuchó - s/he listened to
escuela - school
ese - that
eso - that one
esos - those ones
español - Spanish
esperando - waiting for
esperar - to wait for
esperaron - they waited for
esta - this
está - s/he, it is

ésta - this one

estaba - I, s/he, it was

estaban - they were

estaciona - s/he parks

están - they are

estar - to be

estás - s/he, it is

este - that

esto - that one

estrella(s) - star(s)

estuvo - s/he, it was

explicó - s/he explained

falta (le) - lacks, was missing

felicidad - happiness

felicidades - congratulations

feliz - happy

fichas - chips

flautas - flutes

fondo - back, bottom

frente - front

frías - cold

fritas - fried

fue - s/he went

fue - s/he, it was

fuentes - fountains

fuera (como si fuera) - as if s/he/it were

fueron - they went

fueron - they were

fuerte - strong

fuerza - strength

gallina - chicken

ganar - to win

ganas - you win

ganó - s/he won

gastar - to spend, to waste

gente - people

gordito - chubby

gracias - thanks

gran - great

grand(es) - big

grasa - grease, fat

gratis - free (no payment needed)

gritaba - s/he yelled, was yelling

gritando - yelling

gritaron - they yelled

gritó - s/he yelled

grupo(s) - group(s)

guapo(s) - handsome, good-looking

guardabosques - forest ranger

(le) gusta - it is pleasing (to him/her); s/he likes

(le) gustaba - it was pleasing (to him/her); s/he liked

(le) gustaban - they were pleasing (to him/her); s/he liked

(le) gustaría - it would be pleasing to (him/her)

ha comido - s/he has eaten

ha tenido - s/he has had

Glosario

haber - to have

había - s/he had

había estado tomando - s/he had been taking

habían destruido - they had destroyed

habían regresado - they had returned

habían robado - they had robbed, stolen

habían terminado - they had finished

hablaba - s/he talked, was talking

hablaban - they talked, were talking

hablando - talking

hablar - to speak, to talk

hablarnos - to talk to us

hablaron - they talked, spoke

habló- s/he talked, spoke

hacer - to do, to make

hacia - toward

hacía - s/he, it did, made, were making

hacían - they did, made, were making

hambre - hunger

hamburguesas - hamburgers

(han) tenido - they had had

hasta - until

hay - there is

hecho - made

helados - ice cream

hermano(s) - brother(s)

hermoso - beautiful, lovely

hicieron - they made

hizo - s/he, it made

hielo - ice

hijo(s) - sons(s); sons and daughters

hola - hello, hi

hombre - man

hombres - men

hora(s) - hour(s)

hoy - today

hubo - there was, were (at that moment)

iba - s/he went, was going

iban - they went, were going

incaicas - Incan

ir - to go

irse - to go, to leave

jalea - jelly

joyas - jewels

juego - game

jugaba - s/he played, was playing

jugador(es) - player(s)

jugar - to play

jugo - juice

jugó - s/he played

juntos - together

la - the

lado - side
lago - lake
le - (to) him/her
leche - milk
lejos - far
lentamente - slowly
les - (to) them
levantarse - to get up
leyendo - reading
leyeron - they read
libres - free (as in liberty)
limpio - clean *(adj.)*
limpió - s/he cleaned
listo(a) - ready
llamaba - s/he called, was calling
(se) llamaba - s/he called him/herself
(se) llamaban - they called themselves
llamadas - calls *(noun)*
llamó - s/he called
llanta - tire
llegar - to arrive
llegaron - they arrived
llegó- s/he arrived
llena - full
(se) llevaban bien - they got along well
llevar - to bring, take
lo - it
loco(a) - crazy

los - the
luego - place
madre - mother
mal(a) - bad
maldición - curse
maletas - suitcases
mamá - mom
mandarlo - to send it
manejaba - s/he drove, was driving
manejar - to drive
mano - hand
mañana - morning
máquina - machine
mar - sea
más - more
mayor - older
me parecía - it seemed to me
media - half
mediodía - noon
mejor - better
menos - minus, less
mesa - table
mesera - waitress
mi - my
miedo - fear
(tenía) miedo - s/he had fear
mientras - lies
mil - thousand
mira - s/he looks at
miraba - s/he looked at, was looking

57

(una) mirada - (a) look

miraron - they looked at, watched

miró - s/he looked at, watched

mis - my

mochila - backpack

mostrársela - to show it to him

muchacha(s) - girls

muchacho(s) - boy(s), boys and girls

mujeres - women

mundo - world

museo - museum

muy - very

nada - nothing

nadie - no one

naranja - orange

ni - neither

niños - boys

noche(s) - night(s)

nombres - names

nos - (to) us; we

nos gusta - it is pleasing to us; we like

nos sentimos - we feel

nosotros - we

noticias - news

noticiero - news reporter

novecientos - nine hundred

noveno - ninth

noventa - ninety

nueve - nine

nuevo(a) - new

número - number

nunca - never

o - or

obtuvo - s/he obtained

onceavo - eleventh

orgullosos - proud

oro - gold

otra(s) - other(s) *(fem.)*

otro(s) - other(s) *(masc.)*

padre(s) - parents

pagar - to pay

pagaron - they paid

país - country

pájaros - bird

papá - dad

papas - potatoes

para - for

parada de taxi - taxi stand

parece - it seems

paró - s/he, it stopped

peleaban - they fought, were fighting

película - film, movie

pelo - hair

pelota - ball

pensaba - s/he thought, were thinking

pensaban - they thought, were thinking

pensando - thinking

pensar - to think

pensó - s/he thought

pequeña(s) - small

pequeño(s) - small

pero - but

pescar - to fish

pidieron - they ordered; they requested

pidió - s/he ordered; s/he requested, asked for

pinchada - punctured, flat

piso - floor

pista del baile - dance floor

pobres - poor

(un) poco - (a) little

podemos - we are able, could

podía - s/he was able, could

podían - they were able, could

pollo - chicken

ponía - s/he put

(se) ponía - s/he became

por favor - please

porque - because

postre - dessert

precio(s) - price(s)

preguntándole - asking him/her

preguntaron - they asked

preguntó - s/he asked

premio(s) - prize(s)

prendió - s/he turned on

presión - pressure

préstamo - loan

prestó - s/he loaned

primer(o) - first

primera - first

pronto - soon

pudieron - they were able, could

pudieron - they were able, can

pudo - s/he was able

pueblo(s) - village(s)

puede - s/he is able, can

pueden - they are able, can

puerta(s) - door(s)

pues - well

punto - point

(se) pusieron - they became

puso - s/he put

que - that

qué - what

(se) quedaba - s/he remained, stayed

(se) quejaba - s/he complained, was complaining

(se) quejaron - they complained

(se) quejó - s/he complained

quería - I wanted, was wanting

quería - s/he wanted

querían - they wanted, were wanting

querido - loved, beloved

quiénes - who

quiero - I want

quince - fifteen

quisieron - they wanted

quizás - perhaps, maybe

razón - reason

rectas - straight

refrescos - soft drinks

(de) repente - suddenly

respiraron - they breathed

(una) respuesta - (an) answer

ricos - rich

(se) rieron - they laughed

rompió - s/he, it broke

ropa - clothes

rueda - wheel

ruido - noise

sabes - you know

sabía - s/he knew (a fact)

sabían - they knew (a fact)

sabías - you knew (a fact)

sacamos - we took out

sacando fotos - taking photos

sacar - to take out

sacar fotos - to take photos

sacaste - you took out

sacó - s/he took out

salida - exit

salieron - they left (a place)

salió - s/he left (a place)

salir - to leave (a place)

salud - health

saludable - healthy

saqué - I took out

sé - I know (a fact)

se llamaba - s/he called him/herself

se ponía - s/he became

seas - you are *(subjunctive)*

según - according

segundo(a) - second, 2nd

seis - six

semanas - weeks

(se) sentaron - they sat

sentarse - to sit down

(se) sentía - s/he felt, was feeling

sentido - feeling

ser - to be

servilleta - napkin

si - if

sí - yes

siempre - always

siete - seven

siguiente - following

sin - without

sin embargo - nevertheless

sino - but, except for

sintió (se) - s/he felt (at that momento)

sobre - about

solamente - only

soles - Peruvian currency

sólo - only

solos - alone

somos - we are

son - they are

sonriendo - smiling

sonrió - s/he smiled

sonrisa - smile *(noun)*

sorprendidos - surprised

sorprendió - s/he, it surprised

soy - I am

su - his/her

suavemente - softly, gently

(se) subieron - they got on, climbed up/on

(se) subió - s/he got on, climbed up/on

subir - to get on, to climb up/on

suerte - luck

supermercado - supermarket

sur - south

sus - your

tacaño - cheap

tamaño - size

también - also

tan - so

tanto - so much

tarde - afternoon

tarjeta - card

tazas - cups

té - tea

temprano - early

tendrá - s/he will have

tenemos - we have

tener - to have

tenía - s/he had

tenía que - s/he had to (do something)

tenía miedo - s/he had fear, was afraid

teníamos - we had

tenían - they had

(han) tenido - they have had

tercera - third

tiempo - time

tiene - s/he has

tiene razón- s/he is right

tienen - they have

tipo - type

tocando - touching

tocó - s/he touched

toda(s) - all

todas - all, everyone

todavía - still

todo(s) - all, everyone

tomando - taking

tomar - to take

tomaron - they took

tomó - s/he took

tomó la decisión - s/he made the decision

trabajaba - s/he worked, was working

trabajo(s) - work, job(s)

(que nos) traiga - that s/he bring us

trajeron - they brought

trajo - s/he, it brought

trataba - s/he treated, was treating; s/he tried, was trying

trataron - they treated; they tried

trató - s/he tried

treinta - thirty

tres - three

triste - sad

tú - you

tu - your

tuviera - s/he had

tuvo - s/he had

uds. - (ustedes) you (pl.)

un(a) - a

unas - some

unidos - united

uno - one

unos - some

usar - to use

usaran - they use

usó - s/he used

usted - you

ustedes - you (pl.)

va - s/he goes, is going

vamos - we go, are going

van - they go, are going

vas - you go, are going

vasos - vases

veces - times

veía - s/he saw, was seeing

veinte - twenty

ventana - window

ver(lo) - to see (it)

verdadero - true

vergüenza - embarrassment

vez - time

viaje(s) - trip(s), voyage(s)

vida - life

viendo - seeing

viene - s/he comes

viento - wind

vieron - they saw

vino - s/he came

vio - s/he saw

visitando - visting

visitar - to visit

visitaron - they visited

vivían - they lived

vivir - to live

volar - to fly

vomitar - to vomit

voy - I go, am going

vuelo - flight

vuelta - spin, turn

y - and

ya - already

ya no - anymore

yo - I

COGNADOS

acampar - to camp

actividades - activities

aeropuerto - airport

agencia - agency

aire - air

aire acondicionado - air conditioning

americano(s) - American(s)

animales - animals

ansiedad - anxiety, anxiousness

antiguos(as) - old, antique

antropología - anthropology

anunciaba/anunció - s/he announced

anunciador - announcer

anuncio - announcement

anunció - s/he announced

aplaudieron - they applauded

aplaudió - s/he applauded

arqueología - archaeology

arqueólogos - archaeologists

artefactos - artifacts

arterias - arteries

artística - artistic

ataque al corazón - heart attack

atención - attention

autobús - bus

automóvil - automobile

avanzadas - advanced

aventura - adventure

avisado - advised

avisarme - to warn/advise me

bambú - bamboo

banco - bank

bebé - baby

béisbol - baseball

bilingüe - bilingual

billete - bill (dollar bill)

brillante(s) - brilliant

cafés - café, small restaurant

cafetería - cafeteria

calendario - calendar

canal(es) - channel(s)

capital - capital

capítulo - chapter

cardíaco - cardiac

carro - car

centavos - cents

centro - center

cerámica - ceramic

cereal - cereal

chofer - chauffeur, driver

clases - classes

clásica - classic

colesterol - cholesterol

colores - colors

completa - complete

común - common

concentrarse - to concentrate

Cognados

condición - condition

consecuencias - consequences

considerar - to consider

construido - constructed

construyeron - they constructed, built

contento(a) - content, happy

contentos - content, happy

continuaron - they continued

continuó - s/he continued

control - control

controlarlo - to control it

conversación - conversation

correcto(a) - correct

costaron - they cost

crédito - credit

culturales - cultural

culturas - cultures

curiosidad - curiosity

decidieron- they decided

decidió - s/he decided

decidir - to decide

decisión - decision

defensa - defense

descripciones - descriptions

desierto - desert

destruido - destroyed

detalles - details

dietética - diet

diferente(s) - different

difícil - difficult

director(a) - director

disco - disk

discoteca - discoteque

doctores - doctors

documental - documentary

dólar(es) - dollar(s)

dona(s) - donut(s)

durante - during

ejercicio(s) - exercises

emoción - emotion

empacadas - packed

empacando - packing

(le) encanta - it enchants (him/her)

(le) encantaba - it was enchanting (to him/her)

(le) encantaban - they were enchanting (to him/her)

encantador - enchanter, charmer

encontrará - s/he will find

encontraron - they found, encountered

encontró - s/he found, encountered

enormes - enormous

entradas - entrances

entrando - entering

entrar - to enter

entraron - they entered

entró - s/he entered

escenario - scene, scenario

especial - special

especialista - specialist
especialmente - especially
espirituales - spiritual
esposa - spouse, wife
establecer - to establish
estación - station
estacionó - s/he parked
estado(s) - state(s)
estómago - stomach
estudiando - studying
estudiante - student
estudiar - to study
estudio - I study
eventos - events
exacto - exact
exámenes - exams
exclamó - s/he exclaimed
excursión - excursion
exhibiciones - exhibitions
(como si no) existiera - as if
   she did not exist *(past
   subjunctive)*
experiencia - experience
explorando - exploring
explorar - to explore
extraterrestres - extraterrestrials
familia - family
familias - families
famoso(a) - famous
favor - favor
favorito(s) - favorite
figuras - figures

final - final
finales - final *(adj.)*
finalmente - finally
física - physical
formaban - they formed
fotos - photos
frustración - frustration
fútbol americano - football
gasolina - gasoline
generalmente - generally
gigantes - giant *(adj.)*
gimnasio - gymnasium
grado - grade
guardias - guards
guitarras - guitars
helicóptero - helicopter
historia - history
honores - honors
horror - horror
hospital - hospital
hotel - hotel
humano - human
idea - idea
importa - important to
importante - important
impresionados - impressed
impresionante - impressive
incas - Incas
incluido - included
indígenas - indigenous
información - information
inglés - English

Cognados

instante - instant
instrumentos - instrument
inteligente - intelligent
(le) interesa - it interests (him/her)
(le) interesaba - it interested (him/her)
interesante - interesting
intereses - interests *(noun)*
(le) interesó - it interested (him/her) *(at that moment)*
interrumpió - interrupted
invadieron - they invaded
julio - July
junio - June
justo - just
lección - lesson
legales - legal
licencia - license
líneas - lines
mapa - map
maratones - marathons
maravillosos - marvelous
máscara(s) - mask(s)
medicina - medicine
médicos - medical; doctors
menú - menu
micrófono - microphone
miniatura - miniature
minuto (s) - minute(s)
misteriosas - mysterious
modernos - modern

momento(s) - moment(s)
momias - mummies
montañas - mountains
montaron - they mounted
mucho(a) - much; a lot
muchos(as) - much, many
música - music
músicos - musicians
nacional - national
naturaleza - nature
nauseas - nausea
necesitaba - s/he, it needed, were needing
necesitaban - they needed, were needing
necesitamos - we need; we needed
necesito - I need
nerviosamente - nervously
nervioso(a) - nervous
nerviosos(as) - nervous
no - no
normal - normal
norteamericanos - North American
ocupado(a) - busy
ocupados(as) - busy
oficialmente - officially
ofrecían - they offered, were offering
ofreció - s/he offered
operamos - we operated

operaron - they operated

oportunidad - opportunity

origen - origin

original - original

pantalones - pants

paquetes - packets, packages

parque - park

parte - part

participante - participant

pasa - s/he, it passes; s/he it happens

pasaban - they passed, were passing

pasado - past

pasajeros - passengers

pásalo - pass it *(command)*

pasando - passing; happening

pasar - to pass; to happen

pasarán - they will pass (future)

pasaron - they passed

paso - I pass

pasó - s/he, it passed; it happened

perfecto(a) - perfect

perfectos (as) - perfect

permiso - permission

persona(s) - person(s)

peruana(s) - Peruvian(s)

piloto - pilot

planes - plans

plantas - plants

platos - plates

plaza - plaza

popular - popular

posible - possible

posición - position

practicar - to practice

preocupaba - s/he worried, was worrying

problema(s) - problema(s)

profundamente - profoundly

programa - program

protegía - s/he protected, was protecting

rápidamente - rapidly, quickly

rápido - rapid, fast

raros - rare, strange

real - real

recibieron - they received

recuperando - recuperating

reducida - reduced

región - region

regional - regional

(había) regresado - (s/he had) returned

regresar - to return

regresaron - they returned

religioso - religious

remoto - remote

repitió - s/he, it repeated

respondió - s/he responded

responsable - responsible

restaurante - restaurant

resto de - rest of

Cognados

resultado - result
robado - robbed, stolen
robarle - to rob or steal from him/her
robo - theft
ruinas - ruins
ruta - route
rutina - routine
salón - salon
salsa - salsa, sauce
sección - section
símbolos - symbols
simpáticao(a) - sympathetic, nice
sitios - sites
sociable - sociable
sola - alone, solo
súper - super
taxi - taxi
televisión - television
televisores - televisión sets
teorías - theories
termina - s/he, it finishes, terminates
(había) terminado - s/he had finished, terminated
terminarán - they will finish, terminate
terminaron - they finished, terminated
terminó - s/he, it finished, terminated

terror - terror
textiles - textiles
tímida - timid
típica(s) - typical
típico(s) - typical
tono - tone
totalmente - totally
tráfico - traffic
turbulencia - turbulence
única - unique, only (one)
unida - united
unidad - unity, unit
vacaciones - vacation
varios - various
vegetariana - vegetarian
voz - voice

To read this story in
present tense, please turn
the book over and read
from the back cover.

To read this story in past tense, please turn book over and read from front cover.

Los Baker van a Perú

**A Novel for Novice-high/Intermediate-low
Spanish Students
Escrito por:**

Melissa Blasco

Jacob Brown

Gaetano Celentano

Phillip Cerullo

Michele Chadwick

Brittany Clemente

Jacob DeVries

Paul Guiglianatti

Kristen Kelder

Nathaniel Kirby

Lauren Runza

Michael Waverka

Amanda Wegman

Courtney Wenstrom

Amanda White

Kristina Witbeck

**Editado por
Carol Gaab y Kristy Placido**

Este proyecto fue realizado por un grupo de estudiantes en el noveno grado de Pinelands Regional Jr. High School. Los estudiantes escribieron el libro en la clase de español 3 bajo la dirección del Sr. Nathaniel Kirby. Con mucha cooperación lograron escribir esta breve novela completamente en español.

¡FELICITACIONES A LOS ESTUDIANTES QUE TRABAJARON TAN DURO PARA CREAR ESTA NOVELA!

This book is purely fictional! It is designed for entertainment purposes only; TPRS Publishing, Inc. does not substantiate, endorse or condone any events that take place in the story. We hope you enjoy reading it.

P.O. Box 11624, Chandler, AZ 85248

800-TPR IS FUN

(800-877-4738)

Info@tprstorytelling.com

www.tprstorytelling.com

Los Baker

Present Tense Version

To read this story in past tense,
turn the book over and read from
the front cover.

Índice

Los Baker van a Perú

Capítulo 1:
La familia Baker

La familia Baker es una familia normal. Ellos no son muy ricos ni muy pobres. Como todas las familias, ellos tienen problemas a veces, pero generalmente todos se llevan bien[1].

Nathaniel y Martha Baker viven en Nueva Jersey con sus dos hijos, Jason y Haley. Viven en un pueblo pequeño que se llama New Gretna. Los muchachos asisten a la escuela Pinelands Regional.

El padre de la familia, Nathaniel, trabaja en el

[1]se llevan bien - they get along well

parque Bass River State Forest. Es un guardabosques[2]. En su trabajo, él protege los animales y las plantas del parque y ayuda a las personas que van al parque para pescar en el lago y acampar en el bosque[3]. Nathaniel es muy simpático y sociable, por eso a él le gusta mucho su trabajo.

Nathaniel, el padre, tiene cuarenta y dos años. Es un poco gordito porque le gusta comer la comida que no es muy buena para la salud. Come muchas hamburguesas, papas fritas, helados y donas. Cuando va al supermercado siempre busca la comida que se ofrece gratis. Nathaniel come mucho y es muy tacaño[4] también. El padre es tacaño con todo. No le gusta gastar el dinero.

La madre de la familia se llama Martha. Tiene treinta y nueve años. Ella es muy amable. Trabaja como directora en un museo. Le encanta la historia. A veces Martha habla y habla mucho sobre la historia. Los muchachos piensan que ella es la persona más aburrida del mundo cuando habla sobre la historia con ellos y con los amigos.

Martha es una persona artística y saludable. Le gusta mucho sacar fotos de la naturaleza. Ella sólo come la comida que es buena para la salud. Es

[2]guardabosques - park ranger
[3]bosque - forest
[4]tacaño - he is cheap / a tightwad

vegetariana. Le encanta hacer ejercicio. También corre en maratones. Está en muy buena condición física.

El hijo mayor de la familia es Jason. Tiene dieciséis años y es estudiante en el onceavo (11°) grado. Este año Jason está muy contento porque tiene su permiso de manejar un carro. Jason tiene un trabajo en McDonalds® para pagar el carro y comprar la gasolina. Todas las noches cuando va a la casa después del trabajo Jason tiene que llevar un BigMac® a su papá. Nathaniel siempre se pone muy contento con Jason cuando come su BigMac y ve la televisión.

En la escuela Jason es muy popular. Es un muchacho muy guapo y sociable. Tiene muchos amigos, especialmente entre las chicas. Es muy deportista y atrevido⁵. Jason es una estrella en el equipo de fútbol americano de Pinelands. Juega la posición de armador de defensa (quarterback).

Haley es la bebé de la familia. Tiene catorce años y está en el noveno grado. Es muy inteligente y está en las clases avanzadas también llamadas clases de honores.

En la escuela no tiene muchos amigos. Haley es tímida y muy callada en sus clases. En la casa ella es totalmente diferente. Le encanta la música rock

⁵atrevido - daring

clásica. Su grupo favorito es Led Zeppelin. Ella va a su cuarto y pone la música muy fuerte. Pasa muchas horas escuchando la música y cantando. A veces Haley y Jason se pelean[6] en la casa, pero no mucho. Ahora Haley trata muy bien[7] a Jason porque él tiene su licencia de manejar y un carro. Son hermanos como todos los otros hermanos.

La familia Baker es una familia más o menos unida, pero a veces pasan muchos días sin tiempo para sentarse en la mesa para hablar de los eventos del día. A veces la vida es muy ocupada para ellos. Todos tienen sus trabajos y sus actividades. Es una familia normal. A veces les gustaría ir de vacaciones para descansar y pasar tiempo como una familia.

[6]se pelean - they fight with each other
[7]trata muy bien - she treats him very well

Capítulo 2:
Los Baker van a Atlantic City

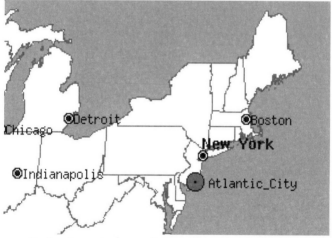

Es junio y todo está muy loco en la casa de la familia Baker. Los padres están muy ocupados con los trabajos. Jason y Haley tienen mucho que hacer en las clases. Están estudiando mucho para los exámenes finales. Todos están muy cansados.

Una tarde, Haley está viendo la televisión. Su programa favorito es 'El precio es correcto'. Durante el programa ella ve un anuncio que dice que el pro-

grama viene a Atlantic City. Atlantic City queda muy cerca de New Gretna. Haley está muy contenta y emocionada. Ella quiere ir para jugar y conocer a Bob Barker.

Haley corre rápidamente a la cocina y le dice a su mamá:

> – El precio es correcto viene a Atlantic City.
> Yo quiero ir. Yo quiero jugar.

Martha llama al estudio en Atlantic City y compra cuatro boletos para ver el programa. Ella piensa que va a ser una buena experiencia para Haley y la familia. Va a ser un día bonito para todos.

Cuando Nathaniel llega a la casa, Haley le dice que la familia va a Atlantic City para ver El precio es correcto. El padre no está muy contento ni muy emocionado con las noticias. Le pregunta a Martha:

> – ¿Y cuánto costaron los boletos? Tú sabes
> que nosotros no tenemos mucho dinero.

Martha le responde un poco enojada:

> – ¡No seas tan tacaño[1] Nathaniel. Los boletos sólo costaron veinte dólares. Además[2], nosotros necesitamos pasar tiempo juntos con la familia. La unidad de la familia es muy importante.

[1]¡No seas tan tacaño! - Don't be so cheap!
[2]además - besides

El día llega y toda la familia está emocionada para ver el programa. Se montan en la mini-van y van a Atlantic City. Ellos quieren tener suerte en el juego durante el programa.

En la vía hacia A.C., el padre para el carro en Krispy Kreme. Nathaniel tiene hambre (como siempre) y quiere comprar unas donas. A Nathaniel le encantan las donas y compra una docena entera[3].

Ellos llegan a A.C. y van al estudio de televisión. Al llegar, encuentran a Bob Barker enfrente del estudio y con una dona en la boca, Nathaniel le dice al Sr. Barker:

> – Hola Sr. Barker. Soy Nathaniel Baker y ésta es mi familia.

Luego, Nathaniel le ofrece una dona de jalea[4]. Bob Barker está muy contento y come la dona muy rápidamente. Cuando Nathaniel ve que al Sr. Barker le encantan las donas también tiene una idea. Nathaniel le dice:

> – Hay más donas aquí para usted si nosotros podemos jugar en el programa.

Bob Barker piensa un minuto y responde:

> – Está bien. Ustedes pueden jugar.

Nathaniel le da las donas. Bob Barker come tres

[3]una docena entera - an entire dozen
[4]una dona de jalea - a jelly doughnut

7

donas más en un instante. Muy contento, el Sr. Barker sonríe y tiene jalea por toda la cara.

Unos momentos después, el programa empieza. El anunciador dice los nombres de los jugadores. La familia está súper emocionada cuando el hombre dice:

– ¡A jugar!

Capítulo 3:
Nathaniel Baker, ¡a jugar!

El precio es correcto

El juego empieza y Nathaniel está listo para jugar. Toda la familia está viendo con mucha anticipación. El primer premio[1] es una máquina de ejercicios Bowflex. Martha está muy contenta porque a ella le encantaría[2] tener la máquina en la casa.

La primera persona piensa en el precio y dice:

[1]el primer premio - the first prize
[2]le encantaría - she would love (it would enchant her)

– Dos mil dólares, Bob.

La segunda dice:

– El precio es dos mil cuatro cientos dólares.

La tercera persona anuncia:

– Dos mil cuatro cientos y un dólares, Bob.

Nathaniel está muy nervioso. Mira a Martha y a los muchachos. Muchas personas están gritando y Nathaniel no se puede concentrar. Todos están esperando su precio. Martha le dice a Nathaniel:

– Un dólar.

Nathaniel mira a Bob Barker y repite en el micrófono el precio de un dólar. Todos están esperando con mucha anticipación.

Bob Barker anuncia:

– El precio real de la máquina Bowflex es
mil novecientos noventa y nueve dólares.
Nathaniel, ¡Felicidades, tú ganas!

Todas las personas en el estudio aplauden. El padre sube al escenario[3] y le da la mano a Bob Barker. Nathaniel ve que el Sr. Barker todavía tiene en su cara jalea de las donas que comió. Saca una servilleta[4] del bolsillo de sus pantalones. Nathaniel limpia la cara de Bob Barker con la servilleta.

Bob Barker anuncia que Nathaniel va a jugar el juego Plinko. Nathaniel está feliz porque Plinko es

[3]escenario - stage, scene
[4]una servilleta - a napkin

su juego favorito. En el juego, Nathaniel gana cinco fichas[5] que puede usar para ganar dinero. Con las fichas Nathaniel gana siete mil dólares. Toda la familia grita y aplaude mucho. Están muy emocionados y contentos con el dinero que ganó Nathaniel.

Más tarde Nathaniel juega la rueda grande[6]. La primera persona va y salen noventa centavos en la rueda. Es un muy buen número. La segunda persona juega y salen noventa y cinco centavos. Cuando Nathaniel va a jugar está muy nervioso y siente mucha presión. El padre da vuelta[7] a la rueda con mucha fuerza. La rueda va muy rápidamente y para en un dólar. Nathaniel brinca y grita con la emoción del momento. Da un abrazo muy fuerte a Bob Barker. Todos aplauden y gritan con Nathaniel.

Luego, Nathaniel juega en el 'Showcase Showdown'. Como él ganó un dólar exacto en la rueda, puede decidir entre los dos premios del día. Bob Barker anuncia el primer premio:

    – El primer premio es una tarjeta de crédito muy especial. Con esta tarjeta una persona puede comer gratis en McDonalds por

---

[5]fichas - chips
[6]la rueda grande - the big wheel
[7]da vuelta - he spins

todo el resto de su vida. Tendrá hamburguesas, papas fritas y refrescos para siempre.

Nathaniel está súper emocionado porque a él le encanta comer en McDonalds. Es su restaurante favorito. Se le salen las babas pensando[8] en la idea de comer en McDonalds todos los días... ¡y gratis! Nathaniel mira a su familia y Martha le grita:

– ¡Noooooo... Por favor, No! ¡Pásalo!

Nathaniel mira a su esposa y mira a Bob Barker con la tarjeta de McDonalds™ en su mano. Piensa y piensa. Nathaniel toma la decisión más difícil de su vida. Le dice a Bob Barker:

– Yo paso, Bob. Quiero el otro premio.

La familia grita con felicidad. Están muy contentos con el padre porque tomó la decisión correcta. Están muy orgullosos[9] de él.

Bob Barker anuncia el segundo premio:

– Nathaniel, tú y tu familia tienen la oportunidad de tomar unas vacaciones en el hermoso país del Perú. Tú y la familia van a pasar unos días maravillosos en Lima explorando y visitando los sitios culturales

---

[8]se le salen las babas pensando - he drools thinking about

[9]están muy orgullosos - they are very proud

de la capital. Después pasarán[10] al famoso
Nasca para visitar las líneas misteriosas en
el desierto. Ustedes terminarán[11] visitando
las ruinas antiguas de los indígenas incas
de Machu Picchu. Todo está incluido,
Nathaniel, si el precio es correcto.

Nathaniel y el otro participante dicen los precios de sus premios. Los dos están muy nerviosos y esperan el precio correcto.

Bob Barker anuncia:

– El participante más cerca del precio real de
su premio es...Nathaniel Baker.

[10]pasarán - you (pl.) will pass, go
[11]terminarán - you (pl.) will finish, end

Capítulo 4:
El viaje al Perú

Es el quince de julio y la familia está lista[1] para irse de vacaciones. En la escuela las clases ya terminaron y los muchachos están libres[2]. Los padres tomaron dos semanas de vacaciones de los trabajos. Todos tienen sus maletas empacadas y van al aeropuerto. Ellos salieron un poco tarde y por eso, Nathaniel tiene que manejar un poco rápido. Martha le grita porque a veces maneja como un

[1]está lista - s/he, it is ready
[2]están libres - they are free (as in, liberty/freedom)

loco. Ellos llegan justo a tiempo para subir al avión.

En el avión el piloto anuncia que van a Lima, Perú. Es un viaje de siete horas. En unos momentos están en el aire y una muchacha viene con comida y bebidas. Ella les pregunta si todos quieren cacahuates[3] y refrescos.

Nathaniel se pone muy emocionado pensando en la comida y pide diez paquetes de cacahuates, tres Coca-colas y dos tazas de café con leche con mucho azúcar. Toda la comida es solamente para él. La muchacha piensa que Nathaniel está loco pero ella no le dice nada. Le da la comida y las bebidas.

Martha mira a Nathaniel y mira su comida. A veces Martha se preocupa por[4] la salud de Nathaniel porque él come comida muy mala. Ella ve los cacahuates y piensa en un documental que vio en la televisión que hablaba de la historia del cacahuate. Le dice a Nathaniel:

> – ¿Tú sabes la historia del cacahuate? Es muy interesante. Empieza en el pasado con los indígenas de la región de...
> – Sí, sí, sí... y termina ahora en mi estómago –interrumpe Nathaniel sonriendo.

Martha lo mira con mucha frustración. Ella no

[3]cacahuates - peanuts
[4]se preocupa por - she worries about

entiende porque a él no le interesa la historia tanto como[5] le interesa a ella.

> – Tú sabes mi amor que la historia no me interesa mucho –le dice Nathaniel con su boca llena de cacahuates.

Para los hijos el viaje pasa muy lentamente. Ellos ven la película 'Castaway' en los televisores pequeños del avión. Durante la película el piloto anuncia que todos los pasajeros necesitan abrocharse el cinturón de seguridad[6]. El avión va a pasar por una turbulencia.

Nathaniel escucha el anuncio y tiene un problema grande. Como él bebió las tres coca-colas y los dos cafés ahora necesita usar el baño. Necesita usar el baño porque siente que su estómago va a explotar. Nathaniel no puede ir al baño porque el piloto dice que nadie puede usar el baño durante la turbulencia. Por eso, Nathaniel se queja como un bebé:

> – Necesito usar el baño. Quiero ir al baaaño.

¡Qué vergüenza! Los muchachos pretenden que no están con él.

Un poco después, el piloto anuncia que el avión va a aterrizar[7] en unos minutos. Cuando el avión

[5]tanto como - as much as
[6]abrocharse el cinturón de seguridad - to fasten their seatbelts
[7]aterriza - s/he, it lands

llega a Lima todos los pasajeros entran al aeropuerto. Nathaniel corre rápidamente al baño. Llega al baño y ve dos puertas. Una dice HOMBRES y la otra dice MUJERES. Nathaniel no habla español y no sabe cuál puerta usar[8]. Corre por la puerta que dice MUJERES y usa el baño. Cuando sale del baño las muchachas peruanas que están entrando le dicen a Nathaniel:

     – ¿Qué te pasa, bobo? Este baño es de mujeres. ¿Cuál es tu problema?

Nathaniel las mira y les dice:

     – What? Me no espeak Espaneesh. What?

Ellas lo miran y se ríen.

La familia busca las maletas y después pasa por la aduana[9] para entrar oficialmente al país del Perú. Luego van directo al banco en el aeropuerto para cambiar el dinero. Ellos tienen los dólares de los Estados Unidos y necesitan los nuevos soles, el dinero del Perú. Ellos cambian $500 dólares americanos y reciben $1650 nuevos soles.

Con el dinero pasan a la parada de taxi para ir al hotel. En la ciudad hay mucho tráfico. Después de veinte minutos, llegan al hotel.

[8]no sabe cuál puerta usar - he doesn't know which door to use

[9]la aduana - customs (office/official)

Ellos suben al cuarto y se acuestan en las camas. Todos están muy cansados. Nathaniel agarra el control remoto y prende la televisión. Todos están sorprendidos porque hay muchos canales en inglés. En New Gretna sólo hay dos canales en español.

Nathaniel pone las noticias en el canal de CNN y ellos ven las noticias del día. ¡Ven a Bob Barker en las noticias! Escuchan al noticiero:

– Bob Barker está en el hospital con problemas de corazón. Tuvo un ataque de corazón. Según los médicos, su problema cardíaco es el resultado de comer mucha grasa. El Sr. Barker ha tenido[10] el colesterol muy alto durante veinte años y había estado tomando[11] medicina para controlarlo. Hoy, los doctores lo operaron y encontraron una docena entera de donas de jalea en su estómago. Aquí está el Dr. Kevorkian para hablarnos acerca de su condición:

– Operamos al Sr. Barker y él se está recuperando en el Hospital Hollywood. Abrimos sus arterias y sacamos una docena de donas de su estómago. Vamos a mandarlo

[10]ha tenido - he has had
[11]había estado tomando - he has been taking

a un especialista en dietética para establecer una rutina de ejercicios.

La familia se siente muy mal y responsable por el ataque de corazón de Bob Barker. Después de una hora, la familia se acuesta porque todos están muy cansados.

Capítulo 5:
El robo del museo

A las nueve de la mañana, la familia se despierta. Ellos durmieron hasta tarde porque estaban muy cansados. Ellos van a la cafetería del hotel y comen el desayuno. Es cereal y jugo de naranja. Los muchachos están muy contentos con el desayuno porque para ellos es comida normal y no es nada asqueroso[1]. Después del desayuno, la familia sale del hotel en un taxi y van al centro para explorar la

[1]asqueroso - nasty, disgusting

capital.

Como a Martha le encanta la historia ella quiere ir al museo nacional. El museo se llama El Museo Nacional de Arqueología y Antropología. Ella quiere ir para estudiar la historia del Perú. Quiere ver los artefactos de las culturas indígenas². Los muchachos se quejan porque no quieren ir. Para ellos un museo es muy aburrido. Los padres les dicen a los muchachos que tienen que ir al museo porque no pueden estar solos en la ciudad.

Unos minutos después, la familia está en el museo. Ellos entran y pagan $20 nuevos soles por persona para entrar. Pasan adentro para ver las exhibiciones.

Primero, van a ver la sección de la ropa y textiles antiguos. Toda la ropa de los grupos indígenas³ es muy bonita. Tiene muchos colores diferentes y brillantes. Muy rápidamente los muchachos se aburren y pasan solos a otra parte del museo. No quieren estar con la mamá porque ella va muy despacio leyendo todas las descripciones y sacando muchas fotos.

Haley ve una máscara de oro³ que le interesa. Ella y Jason entran en el salón de los artefactos de

²indígenas - indigenous (original inhabitants)
³una máscara de oro - a gold mask

oro. Ven que todo aquí está hecho de[4] oro y todo es muy brillante. Ellos ven máscaras, platos, vasos, figuras y muchas joyas de oro. Todo es de los incas, los pueblos indígenas del Perú. Muy pronto los muchachos se aburren otra vez y pasan al otro salón.

Mientras tanto[5], Martha todavía está en el salón de la ropa y textiles. Pasa una hora entera en el pequeño salón. Nathaniel está un poco aburrido y como siempre el papá ya tiene mucha hambre. Nathaniel se queja porque ella está tomando mucho tiempo en esta sección. El padre se aburre y sale del museo para buscar un restaurante.

Los muchachos entran en una parte muy interesante del museo. Hay muchas momias antiguas. Jason mira algo y le grita a Haley:

– ¡Mira esto!

Haley da la vuelta y ve una cabeza muy pequeña. La cabeza es de un verdadero ser humano[6]. Cuando ve la cabeza, Haley grita:

– ¡QUE ASCO!

Ellos miran la cabeza y ven todos los detalles y el pelo. Es una cabeza perfecta pero en miniatura.

[4]está hecho de - is made of
[5]mientras tanto - in the meantime
[6]un verdadero ser humano - a real human being

Tiene más o menos el tamaño[7] de una pelota de béisbol. Los muchachos miran la cabeza y deciden que les gusta. Dicen que la cabeza es chévere[8] y la quieren. Ellos miran alrededor y no hay personas ni guardas en el salón. Sin pensar ni considerar las consecuencias, Haley agarra la cabeza reducida y la pone adentro de su mochila y ellos salen del salón.

Los muchachos están muy nerviosos porque robaron la cabeza y salen del museo rápidamente. Ellos saben que la mamá va a estar en el museo por muchas horas y deciden explorar la capital. Caminan por las calles viendo todo. Todo es muy diferente a New Gretna. Jason le dice a Haley que tiene hambre y los dos buscan un restaurante.

Encuentran un restaurante limpio y los muchachos entran para comer. Leen el menú y la única comida que ellos conocen es arroz con pollo. Piden la comida y también dos Coca-Colas. Jason pide su Coca-Cola con mucho hielo porque le gustan sus bebidas muy frías.

Un poco más tarde Nathaniel entra en el restaurante donde están comiendo Jason y Haley. Está sorprendido cuando ve a sus hijos en el restaurante. El papá les pregunta un poco enojado:

[7]tamaño - size
[8]chévere - "cool" (A South American slang word)

23

– ¿Por qué están ustedes aquí? ¿Por qué no están en el museo?

Un poco nervioso Jason le responde:

– Nosotros teníamos mucha hambre. Además el museo es demasiado aburrido para nosotros. Mamá va a estar allí todo el día. ¡Qué aburrido!

– Tienen razón[9] chicos. Su mamá está loca por la historia. Ella va a pasar todo el día en el museo. Sin embargo, Uds. debían avisarme que iban a salir del museo.

Después de unas horas de caminar por las calles y explorar la capital, Nathaniel y los muchachos regresan al museo. Entran y encuentran a Martha en el salón de los artefactos cerámicos. Ella está muy contenta en el museo y quiere pasar el resto del día allí. Nathaniel le dice que todos tienen que regresar al hotel porque Jason no se siente muy bien. Le duele el estómago.

[9]tienen razón - you are right

Capítulo 6:
La salida a escondidas

Al llegar al hotel, los padres dicen que están cansados y quieren acostarse. Haley exclama:

– ¡Pero sólo son las siete y media de la
noche! ¡No podemos ir a la cama tan temprano!

Sin esperar, los padres se acuestan y se duermen. Cuando los padres están dormidos, los muchachos quieren salir del hotel. Quieren ver la ciudad

de noche. Quieren explorar la capital sin los padres.

Los muchachos necesitan dinero y Haley agarra un billete de $100 nuevos soles de la billetera de Nathaniel. Jason mira a Haley y le dice:

– ¿Estás loca? ¿Vas a robarle dinero a papá?
– Necesitamos dinero si vamos a salir. No tenemos nada. No es un robo, sino un préstamo[1].
– Pues agarra $200.

Los muchachos salen del cuarto con mucho cuidado porque no quieren despertar a los padres. Salen del hotel a la ciudad. Están un poco nerviosos pero saben que van a tener una buena aventura esta noche.

Los muchachos caminan por las calles de la ciudad y llegan a la plaza en el centro de Lima. Hay muchas personas pasando tiempo con los amigos. Hay grupos de músicos tocando la música típica del Perú. Los músicos tienen varios instrumentos como flautas de bambú y diferentes guitarras grandes y pequeñas. La música es muy alegre. A los chicos les gusta mucho la música y se sientan para escucharla.

En la plaza dos chicas peruanas ven a los muchachos norteamericanos y se acercan para hablar con ellos. Las chicas son muy simpáticas y

[1]un préstamo - a loan

Jason piensa que ellas son muy bonitas. Se llaman Margarita y Sonia. Ellas hablan inglés porque las dos van a una escuela bilingüe. Quieren practicar el inglés con los muchachos y también ellas piensan que Jason es un muchacho muy guapo.

Todos hablan en la plaza por mucho tiempo. Hablan de sus intereses. Jason les dice que él juega fútbol americano. Margarita toca el brazo de Jason y le dice:

— Tú eres muy grande y fuerte.

Jason le responde:

— Gracias. Todos los días yo voy al gimnasio. Me encanta hacer ejercicio y practicar fútbol americano con mi equipo en la escuela. Nosotros somos los campeones del estado de Nueva Jersey. Muchas personas dicen que yo soy el jugador estrella del equipo. Yo juego de armador de la defensa o quarterback, la posición más importante de todas.

Las muchachas piensan que Jason es un muchacho buenísimo y continúan hablando con él sobre el fútbol americano. Solamente les interesa Jason y hablan con él como si Haley no existiera[2]. Haley no les habla nada. Ella piensa que quiere vomitar

[2]como si Haley no existiera - as if Haley didn't exist

27

cuando escucha a su hermano coqueteando[3] con las chicas peruanas.

Luego ellos hablan de música. Haley presta más atención a la conversación porque a ella le encanta la música. Ella les dice:

> – Mis grupos favoritos son Led Zeppelin, The Doors y The Who. Me encanta la música rock clásica.

Sonia y Margarita le preguntan a Haley:

> – ¿Quiénes son estos grupos? ¿Qué tipo de música es? Son nombres muy raros. No nos gusta esta música.

> – Ni importa[4].

Haley se siente muy sola porque no tiene nada en común con las chicas. Ella no dice nada por el resto de la noche.

Margarita le pregunta a Jason si le gusta bailar. Jason le responde con una sonrisa:

> – Me gustaría bailar contigo.

Margarita sonríe y les dice:

> – ¡Vamos a la discoteca!

Sonia responde gritando:

> – Sí, ¡Buena idea Margarita! ¡Vamos!

Los muchachos caminan a la discoteca porque no está muy lejos de la plaza.

[3]coqueteando - flirting
[4]ni importa - it doesn't matter, whatever

Cuando entran a la disco todos los muchachos están bailando a la canción *Suavemente*. Pagan $15 nuevos soles por las entradas y pasan a la pista de baile⁵. Todos están bailando y Haley piensa que es muy diferente a los bailes en Nueva Jersey. En su escuela los muchachos no bailan mucho, pero aquí en Perú todos bailan.

De repente Jason se siente muy mal otra vez. Tiene mucho dolor del estómago. Jason no quiere bailar porque le duele mucho el estómago. No quiere bailar pero sí quiere estar con las chicas peruanas. Por eso Jason trata de bailar.

Todos los muchachos bailan muchas canciones. Las chicas le enseñan a Jason como se baila la salsa. Pasan un buen tiempo bailando y hablando.

Los muchachos continúan bailando salsa, pero el estómago de Jason se pone muy, muy mal. Le duele mucho y pronto, Jason siente nausea. Ya no puede bailar más. Durante la canción *Brujería*, sale corriendo de la pista de baile. Corre muy rápidamente hacia el baño. Margarita mira a Sonia con curiosidad y le pregunta:

– ¿Qué le pasa a Jason? ¿Por qué salió corriendo?

– Yo no sé qué le pasa.

⁵la pista de baile - the dance floor

Entonces, las dos miran a Haley y le preguntan:

– ¿Está bien Jason?

Pensando en lo que hicieron en el museo, Haley les responde nerviosamente:

– Yo no sé qué tiene. Se ha sentido mal desde que salió del museo esta mañana.

Haley no puede dejar de pensar en el robo de la cabeza reducida. Además de pensar en las consecuencias legales, ella piensa en las consecuencias espirituales. Quizás la cabeza reducida tenga una maldición[6].

Después de treinta minutos, Jason sale del baño. Va a la pista de baile para buscar a Haley y las muchachas peruanas. Jason encuentra a las peruanas bailando y se pone muy triste. Margarita y Sonia están bailando con otros dos muchachos muy guapos. Ellas miran a Jason y no le dicen nada.

Jason agarra el brazo de Haley y los dos salen de la discoteca y regresan al hotel.

[6]una maldición - a curse

Capítulo 7:
Una excursión al sur

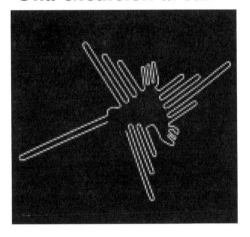

El día siguiente a las cinco de la mañana, los padres despiertan a Jason y Haley. Jason le grita a la mamá:

> – ¿Cuál es tu problema? ¡Son las cinco de la mañana, es hora de dormir!

Martha les dice que tienen que levantarse porque hoy van de excursión. Van a ver las líneas Nasca en el sur del Perú. Los muchachos están muy cansados porque llegaron de la discoteca a la medianoche.

A las seis, un bus pequeño llega al hotel para llevar a la familia a la excursión. Nasca queda un poco lejos de Lima, casi seis horas en automóvil. Los muchachos tratan de dormir en el autobús pero no pueden. El autobús no tiene aire acondicionado y ellos tienen mucho calor.

En ruta hacia Nasca el autobús para[1] en un restaurante para usar el baño y comprar comida. Nathaniel entra para comprar unas Coca-Colas. Cuando abre su billetera el padre ve que no hay mucho dinero. Nathaniel le dice a Martha:

> – Yo pensaba que tenía más dinero. ¿Sacaste dinero de mi billetera? Me falta[2] mucho dinero.

Cuando Haley escucha a su padre, ella se pone muy nerviosa. Ella mira a Jason con una mirada de terror. Jason se siente un dolorcito en su estómago otra vez. ¿Es posible que la cabeza reducida tenga una maldición? Jason y Haley miran a cada uno y están muy nerviosos cuando su madre le responde:

> – Sí mi amor. Ayer yo saqué unos nuevos soles para comprar una camiseta en el museo.
>
> – Bueno, está bien.

[1] el autobús para - the bus stops
[2] me falta - I am missing, I lack

Los muchachos escuchan la respuesta de Martha y los dos respiran profundamente[3]. Después de unos momentos de descanso, el autobús continúa en ruta hacia Nasca.

Al mediodía el bus llega a Nasca. Hay un museo que tiene artefactos e información sobre las líneas e historia de Nasca. En el museo la familia aprende mucho sobre las líneas misteriosas de Nasca. Las líneas son dibujos gigantes y líneas rectas en el piso del desierto[4]. Hay unos dibujos que son símbolos de animales, pájaros, plantas y criaturas del mar.

Martha explica a la familia que hay diferentes teorías sobre las líneas[5] de Nasca. Muchas personas piensan que las líneas forman un aeropuerto de extraterrestres. Otras personas creen que las líneas son un calendario o mapa de las estrellas. Unos arqueólogos piensan que las líneas Nasca forman un mapa de las diferentes fuentes[6] de agua en el piso del desierto. Entre todas las teorías la más popular es que las líneas y símbolos tienen un origen religioso.

[3]respiran profundamente - they breathe deeply
[4]el piso del desierto - the desert floor
[5]teorías sobre las líneas - theories about the line
[6]fuentes (de agua) - (water) sources or fountains

Los muchachos rápidamente se aburren del museo y la lección de Martha y están muy contentos cuando entra el piloto. Para ver las líneas, uno tiene que subir en un avión o helicóptero. El piloto les dice que todo está listo y ellos salen del museo y se suben al helicóptero.

En el aire, ven las líneas con mucha claridad. Están impresionados porque los dibujos son enormes y perfectos. El piloto les explica que las líneas tienen muchos, muchos años de estar ahí en el desierto. Les dice que no tenían instrumentos modernos cuando construyeron las líneas y los dibujos. Sin la oportunidad de volar, las personas indígenas que construyeron las líneas nunca vieron la belleza[7] de su trabajo.

Después de ver las líneas y comer el almuerzo en la cafetería del museo, la familia se sube otra vez al bus para regresar a Lima. Los muchachos ahora están súper cansados. En el camino hacia Lima el chofer anuncia que hay un problema con el bus. El chofer estaciona[8] el autobús al lado de la calle y de repente todos escuchan un ruido muy fuerte[9]. Al

[7]belleza - beauty
[8]estaciona - parks
[9]un ruido muy fuerte - a very loud noise

lado de la calle el bus choca con un cacto. Ahora el bus tiene una llanta pinchada[10].

Mientras el chofer cambia la llanta mala, un bus grande para en la calle para ayudarles. El chofer del bus grande dice que ellos van también a Lima. La familia decide subir al bus porque todos tienen mucho calor y no quieren estar en el desierto.

En el bus hay muchas personas. Jason y Haley caminan hacia el fondo[11] del bus y encuentran asientos. Ellos tratan de hablar en español con unos niños peruanos que están allí.

Después de unos minutos en el bus, Haley está aburrida y decide buscar su iPod para escuchar música. En su mochila Haley ve la cabeza reducida y la saca para mostrársela[12] a los niños. Cuando los niños ven la cabeza, gritan con horror. Los niños tienen mucho miedo y corren hacia el frente del bus. Haley piensa:

– ¿Qué les pasa a los niños? Es una cabeza
   muy chévere.

Después de unas horas, el bus llega en la estación de Lima. Los Baker toman un taxi al hotel. Finalmente los muchachos pueden acostarse a dormir.

[10]una llanta pinchada - a punctured/flat tire
[11]hacia el fondo - to the back
[12]mostrársela - to show it to them

Capítulo 8:
¡A Cuzco!

El día siguiente, la familia está muy cansada por la excursión a Nasca. Los muchachos no quieren hacer nada. Ellos pasan todo el día durmiendo en el hotel.

Por la tarde los padres visitan una agencia de viajes[1]. Quieren hacer planes para visitar las ruinas incaicas de Machu Picchu. Todos dicen que Machu

---

[1]una agencia de viajes - a travel agency

Picchu es muy hermoso e impresionante.

En la noche, la familia come la cena en un restaurante de comida típica peruana. El padre pide los
platos más típicos para la familia. Primero, pide
papas a la huancaína, una comida peruana muy
famosa. Luego, pide ají de gallina que es pollo en
una salsa blanca de leche. Al final, pide cuy chaktado[2], preguntando al mesero:

– ¿Qué es cuy?

– Es un animalito que se come en Perú y
Ecuador. Es un plato rico y muy famoso.

– ¡Perfecto! ¡Que nos traiga cuy entonces!

Una media hora después, el mesero les trae los
platos. Agarra el plato de cuy y lo pone en frente de
Haley. Al verlo, Haley se asusta y grita:

– ¿Qué es este animal en mi plato? ¡Qué
horror!

– Señorita, cálmese. Es el cuy que pidió su
padre.

– Que lo deje en frente de él entonces. ¡Qué
asco!

Al ver el animal entero[3], Haley ya no quiere
comer. Ya no tiene hambre. Su padre, al contrario,
agarra el animal y se lo come como si fuera[4] un Big

[2]cuy chaktado - baked guinea pig
[3]entero - entire, whole
[4]como si fuera - as if it were

Mac.

Después de la cena, la familia camina a un café para comer un postre y tomar un café con leche. Haley, que ahora tiene mucha hambre, pide dos postres y un café grande. Todos comen sus postres y luego regresan al hotel para acostarse.

El día siguiente, la familia toma un taxi al aeropuerto para el vuelo a Cuzco. Cuzco es la capital antigua de la civilización incaica. De allí la familia va a tomar un tren hasta las ruinas de Machu Picchu.

En el aire la familia tiene un poco de miedo porque el avión es muy pequeño y se mueve mucho. Ellos miran hacia abajo y ven las montañas Andes. Ven muchas montañas y entre ellas, una ciudad pequeña. Ven muchas casas pequeñas, pegadas[5] unas a otras y todas con techos[6] rojos. El piloto anuncia que la ciudad es Cuzco. También anuncia que hace mucho viento cerca de Cuzco y que el avión va a moverse mucho. Todos necesitan abrocharse el cinturón de seguridad.

Haley no escucha nada de lo que dice el piloto. Como siempre ella está escuchando su música muy fuerte. Haley está muy impresionada con la belleza de la ciudad y está viendo todo por la ventana del avión.

[5]pegadas - stuck together (very close together)
[6]techos - roofs

De repente el avión se mueve mucho a la derecha con el viento. Haley, que no tiene su cinturón de seguridad abrochado, tiene su iPod en la mano y cuando el avión se mueve, el iPod se le cae de la mano[7]. El iPod se choca con la ventana y Haley se choca con Jason. Haley mira con horror mientras su iPod se choca con la ventana y se cae al suelo. ¡Su iPod está destruido! Haley se pone muy triste y enojada porque piensa que no puede vivir sin la música. En este momento, ella piensa en la mala suerte que ha tenido hoy. ¿Le ha traído[8] la mala suerte la cabeza? No puede ser. Esa idea es una tontería.

Cuando el avión aterriza, la familia camina por la ciudad y habla con el guía turístico que la acompaña. Ven muchas casas y edificios muy antiguos. La arquitectura es muy interesante. Las bases de las casas son de piedras de la época incaica[9] pero encima de las bases no hay arquitectura inca. Encima de las bases incaicas hay arquitectura española.

El guía turístico le explica a la familia que los conquistadores españoles destruyeron la ciudad. Ellos invadieron al Perú para buscar oro y ganar dinero. Ellos destruyeron mucho de la cultura incai-

---

[7] se le cae de la mano - falls out of her hand

[8] le ha traído - it has brought her

[9] piedras de la época incaica - stones from the Incan times

ca incluyendo las casas y los edificios[10]. Cuando destruyeron todo, los españoles construyeron sus casas y edificios encima de las bases incaicas como un símbolo del triunfo. Muchos de los españoles trataron muy mal[11] a los incas.

Después de caminar por la ciudad, la familia come la cena en el restaurante del hotel. Todos se acuestan temprano porque mañana van a levantarse muy temprano. Mañana van a visitar las ruinas de Machu Picchu.

[10]edificios - buildings
[11]trataron muy mal - they treated them very badly

Capítulo 9:
La belleza de Machu Picchu

En la mañana, la familia se despierta muy temprano para ir a Machu Picchu. Están muy cansados pero van al restaurante para comer el desayuno. La mesera llega a la mesa y les pregunta:

– ¿Cómo están? ¿Van a las ruinas hoy?

Los muchachos están prácticamente dormidos en la mesa y no responden. Martha le dice a la mesera:

– Sí, hoy vamos a visitar las ruinas pero estamos muy cansados. No nos sentimos muy bien, estamos con un poco de dolor de cabeza.

La mesera les dice a ellos que esperen un momento. Ella va a la cocina.

Unos minutos después, la mesera regresa con cuatro tazas de té. Ella les explica a los Baker que están sufriendo los efectos de la altitud. Cuzco queda muy alto en las montañas y hay mucho menos oxígeno en el aire. Esto causa cansancio[1] y dolor de cabeza.

La mesera les da las tazas de té. Es un té especial que se llama 'mate de coca'. El té se hace con hojas[2] de la planta de coca. No es tan fuerte como la droga cocaína, pero sí tiene un estimulante como la cafeína en el café. La mesera dice que el mate de coca ayuda con los efectos de la altura. La familia bebe el té y come el desayuno. En unos minutos ellos se sienten un poco mejor.

La familia sale del hotel y va a la estación del tren para subir las montañas al Machu Picchu. En cuatro horas ellos llegan en un pueblo que se llama Aguas Calientes. Allí toman un bus a las ruinas.

[1]esto causa cansancio - this causes tiredness
[2]hojas - leaves

42

Cuando llegan a las ruinas, ven un guía turístico con un papel en su mano que dice *Familia Baker*.

Cuando la familia entra y ve las ruinas en persona, ellos realmente están impresionados. Ven las ruinas de muchas casas y edificios diferentes encima del pico de una montaña muy alta. Hay mucha vegetación verde. Los picos de las montañas llegan hasta las nubes[3]. Ellos se acercan a las ruinas y observan que todo está construido de piedras cortadas[4] perfectamente. Machu Picchu es una belleza.

El guía turístico lleva a la familia por las ruinas. Hay dos partes diferentes. Una parte es de la agricultura donde los inca cultivaban la comida. La otra parte es la ciudad donde vivían los sirvientes del gobernante[5]. El guía les explica que Machu Picchu era un centro de recreo espiritual[6] de uno de los gobernantes importantes de los inca.

La familia está completamente impresionada con la belleza y perfección de todo en Machu Picchu. Les impresiona la forma como los incas construyeron todo sin instrumentos modernos. Ellos pasan el resto del día explorando las casas y edifi-

[3]llegan hasta las nubes - they reach up to the clouds
[4]piedras cortadas - cut stones
[5]los sirvientes del gobernante - the servants of the king
[6]un centro de recreo espiritual - a spiritual retreat center

cios de las ruinas. En la tarde la familia regresa a un hotel en Aguas Calientes para descansar y pasar la noche.

A la mañana siguiente, la familia sube a las ruinas porque tiene un día libre para explorar las ruinas otra vez. Es un día muy bonito. Hace sol en la mañana y todo se ve lindísimo[7].

La familia camina por las ruinas y llega a una parte que parece ser gradas[8] en un lado de la montaña. Martha les explica que las gradas son terrazas. Les dice que las terrazas eran una manera de cultivar comida en las montañas muy inclinadas[9]. Martha empieza a explicarles como los indígenas incas cultivaban comida y como los españoles descubrieron comida nueva cuando llegaron en el Perú. Una de las comidas más importantes que descubrieron es la papa.

Después de media hora, escuchando la lección de Martha, Haley le dice a su mamá:

> – Bueno, Mami. Todo esto es muy interesante, pero ¿Cuándo vamos a ver las cabezas reducidas en Machu Picchu? Yo vi las cabezas pequeñas en el museo en Lima. Me gustan. Son muy chéveres.

[7]todo se ve lindísimo - everything looks very beautiful
[8]parece ser gradas - seem to be graded
[9]muy inclinadas - very steep

Martha sonríe y le responde a Haley:

– No hay cabezas reducidas en Machu
    Picchu. La cultura incaica no hacía cabe-
    zas reducidas. En Perú solamente los pue-
    blos Jívaro hacían las cabezas pequeñas
    cuando conquistaban a sus enemigos. No
    hay cabezas reducidas en Machu Picchu.

Durante esta conversación un grupo de turistas
peruanos llega a ver las terrazas. En el grupo un
hombre escucha la conversación de los Baker. El
hombre peruano interrumpe y le dice a Haley con
una voz muy seria[10]:

– ¡Tú no quieres una cabeza reducida! Son
    muy malas. Las pequeñas cabezas traen
    muy mala suerte a las personas que las tie-
    nen. Si tú quieres una cabeza reducida
    estás loca. Las cabezas son muy malas.

Haley da la vuelta y mira a Jason. Jason mira a
Haley con una mirada de sorpresa y confusión.
Inmediatamente los dos piensan en el pasado.
Piensan en todo el tiempo en Perú. Piensan en la
discoteca y como se enfermó Jason. Piensan en los
problemas del bus de Nasca y como reaccionaron
los niños cuando vieron la cabeza en el bus grande.
Piensan en el iPod de Haley cuando se rompió.

[10]una voz muy seria - a very serious voice

Ahora todo tiene sentido[11]. Es la mala suerte de la cabeza reducida.

Haley da la vuelta y le dice a sus padres que ella y Jason quieren explorar más las ruinas. Nathaniel y Martha les dicen que están cansados pero está bien si ellos quieren explorar las ruinas a solas. Los muchachos salen de las terrazas rápidamente porque están muy nerviosos por las noticias de la mala suerte de la cabeza reducida.

Un poco después cuando están a solas, Haley y Jason hablan de la cabeza. Haley le dice a Jason:

> – Yo tengo mucho miedo. ¿Qué vamos a hacer con la cabeza?
> – ¡Necesitamos botar[12] la cabeza ahora mismo! Yo tengo una idea. Vamos a la torre[13] que vimos ayer con el guía turístico.

Los muchachos van prácticamente corriendo a la torre. Ellos suben la torre, y cuando están allí arriba, Jason saca la cabeza de la mochila de Haley. Jason va para tirar la cabeza desde la torre pero Haley le grita:

> – ¡No tires la cabeza Jason! Me siento muy mal. No debimos haber robado[14] la cabeza

[11]todo tiene sentido - everything makes sense
[12]botar - to get rid of
[13]la torre - the tower
[14]No debimos haber robado - we shouldn't have stolen

del museo. ¡Esta cabeza nos trajo mala suerte!

– Sí, tenemos que deshacernos[15] de la cabeza ahora. ¿Qué hacemos?

– ¿Por qué no dejamos la cabeza aquí sobre el altar?

– Sí, buena idea. Quizás un guía turístico encontrará la cabeza y la devolverá al museo.

– Exacto.

Los muchachos dejan la cabeza sobre el altar y se van corriendo. Se encuentran con sus padres y se sienten mucho mejor.

[15]deshacernos - undo (to us), rid ourselves

Capítulo 10:
El regreso del Perú

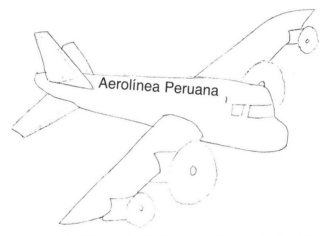

En el último día de las vacaciones, la familia se prepara para regresar a los Estados Unidos. Están en el hotel empacando las maletas. Están muy contentos porque hoy van a su casa pero están tristes también. Ellos realmente disfrutaron mucho de estar en Perú.

Después del desayuno, la familia toma un taxi al aeropuerto. El avión sale a las once de la mañana. No hay ningún problema en el vuelo y ellos llegan a

Atlantic City a tiempo.

Cuando llegan a la casa, todos están muy cansados. Martha no quiere cocinar y ella pide unas pizzas de la Pizzería Naples. La familia se sienta en la sala para comer las pizzas y ver la televisión. Nathaniel agarra el control remoto y pone las noticias. Los muchachos se quejan porque las noticias son aburridas, pero el padre no cambia el canal.

De repente sale un breve especial en las noticias. El anunciador dice que Bob Barker, el súper estrella de El precio es correcto ahora está mucho mejor. Los doctores hoy anuncian que él puede regresar a casa. Dicen que Bob Barker puede regresar al programa mañana. Solamente dicen que no puede comer donas por el resto de su vida, si no quiere otro ataque al corazón.

Haley se levanta del sofá y grita:

– ¡Qué bueno! Bob Barker ahora está bien. ¡Bob Barker está bien! Yo estaba muy preocupada por él[1]. ¡Qué bueno!

La familia pasa el resto de la noche en la casa viendo la televisión. Hablan de las buenas experiencias en Perú. A las once, Nathaniel y Martha dan besos a los muchachos y se van a dormir.

[1] Yo estaba muy preocupada por él. - I was very worried about him.

Haley mira a Jason y riéndose, le dice:

– ¡Qué buen aventura tuvimos!

– Estoy cansadísimo de la aventura en Perú. Necesito unas vacaciones de las vacaciones.

– La vida normal ya no me parece aburrida…

GLOSARIO

a - to

abrazo - hug *(noun)*

abre - s/he opens

abrimos - we open

abrocharse - to buckle, to fasten

aburrido(a) - boring

(se) aburre - s/he gets bored

(se) aburren - they gets bored

acerca de - near, about

(se) acercan - they approach, come closer

acostarse - to lie down

(se) acuesta - s/he lay down

(se) acuestan - they lie down

además - besides, in addition

adentro - inside

aduana - customs

agarra - s/he grabs; grab *(command)*

agua - water

ahí - there

ahora - now

ají - chile

al - to the

alegre - happy

algo - something

allí - there

almuerzo - lunch

alrededor - around

alto - tall

amable - friendly

amigos - friends

amor - love

año(s) - year(s)

aprende - s/he learns

aquí - here

arroz - rice

(que) asco - how disgusting

asientos - seats

asisten - they attend

asqueroso - gross, disgusting

(se) asusta - s/he gets startled

aterrizar - to land

aterriza - s/he, it lands

atrevido - daring

avión - airplane

ayer - yesterday

ayuda - s/he helps

ayudarles - to help them

azúcar - sugar

(el) baila - (the) dance

bailan - they dance

bailando - dancing

bailar - to dance

baile(s) - dance(s) *(noun)*

baño - bathroom

bebidas - drinks *(noun)*

bebió - s/he drank

belleza - beauty

51

Glosario

bien - well, fine
billetera - wallet
blanca - white
bobo - fool, moron
boca - mouth
boleto(s) - ticket(s)
bolsillo - purse, bag
bonita(s) - pretty
bosque - forest
brazo - arm
brinca - s/he jumps
brujería - withcraft
buen - good
bueno(a) - good
busca - s/he looks for
buscan - they look for
buscar - to look for
cabeza - head
cacahuates - peanuts
cacto - cactus
café - coffee
callada - quiet
calle(s) - street(s)
calor - warm
cama(s) - bed(s)
cambia - s/he change
cambian - they change
cambiar - to change
caminar - to walk
caminan - they walked
camino - road, path
camiseta - t-shirt

campeones - champions
canción(es) - song(s)
cansada(s) - tired
cansado(s) - tired
cantando - singing
cara - expensive
casa - house
casi - almost
catorce - fourteen
cena - light evening meal
cerca - close, nearby
chaktado - Incan word for baked
chévere - cool *(slang expressión)*
chicas - girls
chicos - boys
choca - s/he, it crashes
cinco - five
cinturón de seguridad - seatbelt
ciudad - city
cocina - kitchen; s/he cooks
cocinar - to cook
come - s/he eats
comen - they eat
comer - to eat
comida - food
comiendo - eating
comió - s/he ate
como - as, like
compra - s/he buys

comprar - to buy

con - with

conocenn - they know (a person)

conocer - to know (a person)

contigo - with you

coqueteando - flirting

corazón - heart

corre - s/he run

corren - they run

corriendo - running

creen - they believe

cuál - which

cuando - when

cuánto - how much

cuarenta - forty

cuarto - room

cuatrocientos - four hundred

cuidado - careful

cuy - guinea pig

da - s/he gives

da vuelta - s/he gives a spin

de - of, from

de repente - suddenly

debían - should

debían haber avisado - you (all) should have advised

dejar - to leave (behind)

del - of the

demasiado - too (much)

deportista - athlete, sport figure

desayuno - breakfast

descansar - to rest

(un) descanso - a rest

descubrieron - they discovered

desde - since

despacio - slow

despertar(se) - to wake up

(se) despiertan - they wake up

(se) despierta - s/he wakes up

después - after

destruyeron - they destroyed

devolverá - s/he will return (an item)

día(s) - day(s)

dibujos - pictures, drawings

dice - s/he says

dicen - they say

dieciséis - sixteen

diez - ten

dinero - money

disfrutaron - they enjoyed

docena - dozen

dolor - pain

(un) dolorcito - a little pain

donde - where

dormidos - asleep

dormir - to sleep

dos - two

(le) duele - it hurt him/her

(se) duermen - they fall a-sleep

duermen - they sleep

durmiendo - sleeping

(se) durmieron - they fell a-
    sleep
él - he
el - the
ella - she
ellas - they (females)
ellos - they (males or males and
    females)
emocionado(a) - excited
empacadas - packed
empieza - s/he, it starts
en - in
encima de - on top of
enfrente - in front of
enojado(a) - angry
enseñan - they teach
entendía - s/he understood,
    was understanding
entera - entire, whole
entonces - then
entradas - tickets; entrances
entre - between
equipo - team
era - I, it, s/he was
eran - they were
eres - you are
es - it, s/he is
esa - that
escondidas - hidden
escucha - s/he listens to
escuchan - they listen to
escuchando - listening

escuchar - to listen to
escucharla - to listen to it
escuela - school
ese - that
eso - that one
esos - those ones
español - Spanish
esperando - waiting for
esperan - they wait for
esperar - to wait for
esta - this
está - s/he, it is
ésta - this one
estaban - they were
están - they are
estar - to be
estás - s/he, it is
este - that
esto - that one
estrella(s) - star(s)
estuvo - s/he, it was
explica - s/he explains
falta (le) - lacks, was missing
felicidad - happiness
felicidades - congratulations
feliz - happy
fichas - chips
flautas - flutes
fondo - back, bottom
frente - front
frías - cold
fritas - fried

fuentes - fountains
fuera (como si fuera) - as if s/he, it were
fuerte - strong
fuerza - strength
gallina - chicken
gana - s/he wins
ganar - to win
ganas - you win
ganó - s/he won
gastar - to spend, to waste
gente - people
gordito - chubby
gracias - thanks
gran - great
grand(es) - big
grasa - grease, fat
gratis - free (no payment needed)
grita - s/he yells
gritan - they yells
gritando - yelling
grupo(s) - group(s)
guapo(s) - handsome, good-looking
guardabosques - forest ranger
(le) gusta - it is pleasing (to him/her); s/he likes
(le) gustan - they are pleasing (to him/her); s/he likes
(le) gustaría - it would be pleasing to (him/her)

ha tenido - s/he has had
había estado tomando - s/he had been taking
habla - s/he talks, speaks
hablaba - s/he talked, was talking
hablan - they talk, speak
hablando - talking
hablar - to speak, to talk
hablarnos - to talk to us
hacer - to do, to make
hacia - toward
hacía - s/he, it did, made, was making
hacían - they did, made, were making
hambre - hunger
hamburguesas - hamburgers
hasta - until
hay - there is
hecho - made
helados - ice cream
hermano(s) - brother(s)
hermoso - beautiful, lovely
hielo - ice
hijo(s) - sons(s); sons and daughters
hola - hello, hi
hombre - man
hombres - men
hora(s) - hour(s)
hoy - today

Glosario

iban - they went, were going
incaicas - Incan
ir - to go
irse - to go, to leave
jalea - jelly
joyas - jewels
juega - s/he plays
juego - game
jugador(es) - player(s)
jugar - to play
jugo - juice
jugó - s/he played
juntos - together
la - the
lado - side
lago - lake
le - (to) him/her
leche - milk
leen - they read
lejos - far
lentamente - slowly
les - (to) them
levantarse - to get up
leyendo - reading
libres - free (as in liberty)
limpia - s/he cleans
limpio - clean (adj.)
listo(a) - ready
llama - s/he calls
(se) llama - s/he calls him/her-self

(se) llaman - they call them-selves
llamadas - calls (noun)
llanta - tire
llega - s/he arrives
llegan - they arrive
llegar - to arrive
llegaron - they arrived
llena - full
(se) llevan bien - they get along well
llevar - to bring, take
lo - it
loco(a) - crazy
los - the
luego - place
madre - mother
mal(a) - bad
maldición - curse
maletas - suitcases
mamá - mom
mandarlo - to send it
maneja - s/he drives
manejar - to drive
mano - hand
mañana - morning
máquina - machine
mar - sea
más - more
mayor - older
me parece - it seems to me
media - half

56

mediodía - noon

mejor - better

menos - minus, less

mesa - table

mesera - waitress

mi - my

miedo - fear

(tiene) miedo - s/he has fear

mientras - lies

mil - thousand

mira - s/he looks at

miraba - s/he looked at, was looking

(una) mirada - (a) look

miraron - they looked at, watched

miró - s/he looked at, watched

mis - my

mochila - backpack

mostrársela - to show it to him

muchacha(s) - girls

muchacho(s) - boy(s), boys and girls

mujeres - women

mundo - world

museo - museum

muy - very

nada - nothing

nadie - no one

naranja - orange

ni - neither

niños - boys

noche(s) - night(s)

nombres - names

nos - (to) us; we

nos gusta - it is pleasing to us; we like

nos sentimos - we feel

nosotros - we

noticias - news

noticiero - news reporter

novecientos - nine hundred

noveno - ninth

noventa - ninety

nueve - nine

nuevo(a) - new

número - number

nunca - never

o - or

onceavo - eleventh

orgullosos - proud

oro - gold

otra(s) - other(s) *(fem.)*

otro(s) - other(s) *(masc.)*

padre(s) - parents

pagan - they pay

pagar - to pay

país - country

pájaros - bird

papá - dad

papas - potatoes

para - for; s/he, it stops

parada de taxi - taxi stand

parece - s/he, it seems

Glosario

(me) parece - it seems (to me)
pelean - they fight
película - film, movie
pelo - hair
pelota - ball
pensando - thinking
pensaba - s/he thought, was thinking
pensar - to think
pensó - s/he thought
pequeña(s) - small
pequeño(s) - small
pero - but
pescar - to fish
pide - s/he orders, requests, asks for
piden - they order, request, ask for
pidió - s/he ordered; s/he requested, asked for
piensa - s/he thinks
piensan - they think
(llanta) pinchada - punctured or flat (tire)
piso - floor
pista del baile - dance floor
pobres - poor
(un) poco - (a) little
podemos - we are able, could
pollo - chicken
pone - s/he puts
(se) pone - s/he becomes

por favor - please
porque - because
postre - dessert
precio(s) - price(s)
preguntándo - asking
preguntan - they ask
pregunta - s/he asks
premio(s) - prize(s)
prendió - s/he turned on
presión - pressure
préstamo - loan
prestó - s/he loaned
primer(o) - first
primera - first
pronto - soon
pueblo(s) - village(s)
puede - s/he is able, can
pueden - they are able, can
puerta(s) - door(s)
pues - well
punto - point
que - that
qué - what
(se) queda - s/he remains, stays
(se) queja - s/he complains
(se) quejan - they complain
querido - loved, beloved
quiénes - who
quiere - s/he wants
quieren - they want
quiero - I want
quince - fifteen

quizás - perhaps, maybe

razón - reason

rectas - straight

refrescos - soft drinks

(de) repente - suddenly

respiraron - they breathed

(una) respuesta - (an) answer

ricos - rich

(se) ríen - they laugh

rompió - s/he, it broke

ropa - clothes

rueda - wheel

ruido - noise

sabes - you know

sabía - s/he knew (a fact)

sabían - they knew (a fact)

sabías - you knew (a fact)

sacamos - we took out

sacando fotos - taking photos

sacar - to take out

sacar fotos - to take photos

sacaste - you took out

sacó - s/he took out

sale - s/he leaves

salen - they leave

salida - exit

salieron - they left (a place)

salió - s/he left (a place)

salir - to leave (a place)

salud - health

saludable - healthy

saqué - I took out

sé - I know (a fact)

se llamaba - s/he called him/herself

se pone - s/he becomes

seas - you are *(subjunctive)*

según - according

segundo(a) - second, 2nd

seis - six

semanas - weeks

sentarse - to sit down

sentido - feeling

ser - to be

servilleta - napkin

si - if

sí - yes

siempre - always

(se) sientan - they sat

(se) siente - s/he feels

siete - seven

siguiente - following

sin - without

sin embargo - nevertheless

sino - but, except for

sobre - about

solamente - only

soles - Peruvian currency

sólo - only

solos - alone

somos - we are

son - they are

sonríe - s/he smiles

sonriendo - smiling

Glosario

sonrisa - smile *(noun)*

sorprendido(s) - surprised

soy - I am

su - his/her

suavemente - softly, gently

(se) suben - they get on, climb up/on

(se) sube - s/he gets on, climbs up/on

subir - to get on, to climb up/on

suerte - luck

supermercado - supermarket

sur - south

sus - your

tacaño - cheap

tamaño - size

también - also

tan - so

tanto - so much

tarde - afternoon

tarjeta - card

tazas - cups

té - tea

temprano - early

tendrá - s/he will have

tenemos - we have

tener - to have

tenía - s/he had

tenía que - s/he had to (do something)

teníamos - we had

tenían - they had

(han) tenido - they have had

tercera - third

terminarán - they will finish, end

tiempo - time

tiene - s/he has

tiene razón- s/he is right

tienen - they have

tipo - type

toca - s/he touches

tocando - touching

toda(s) - all

todas - all, everyone

todavía - still

todo(s) - all, everyone

toma - s/he takes

toma la decisión - s/he makes the decision

toman - they take

tomando - taking

tomar - to take

tomaron - they took

tomó - s/he took

trabaja - s/he works

trabajo(s) - work, job(s)

trae - s/he, it brings

traen - they bring

(que nos) traiga - that s/he bring us

trata - s/he treats; s/he tries

tratan - they treat; they try

treinta - thirty
tres - three
triste - sad
tú - you
tu - your
tuvo - s/he had
uds. - (ustedes) you (pl.)
un(a) - a
unas - some
unidos - united
uno - one
unos - some
usa - s/he, it uses
usar - to use
usted - you
ustedes - you (pl.)
va - s/he goes, is going
vamos - we go, are going
van - they go, are going
vas - you go, are going
vasos - vases
ve - s/he sees
veces - times
veinte - twenty
ven - they see
ventana - window
ver(lo) - to see (it)
verdadero - true
vergüenza - embarrassment
vez - time
viaje(s) - trip(s), voyage(s)
vida - life

viendo - seeing
viene - s/he comes
viento - wind
vieron - they saw
vio - s/he saw
visitan - they visit
visitando - visting
visitar - to visit
viven - they live
vivir - to live
volar - to fly
vomitar - to vomit
voy - I go, am going
vuelo - flight
vuelta - spin, turn
y - and
ya - already
ya no - anymore
yo - I